财会人员
实务操作丛书

中级会计实务
技能训练

主　编　田旺林

副主编　蒋泽生　苏景丽　董小芳

中国人民大学出版社

·北京·

图书在版编目（CIP）数据

中级会计实务技能训练/田旺林主编 . -- 北京：
中国人民大学出版社，2021.1
（财会人员实务操作丛书）
ISBN 978-7-300-28808-6

Ⅰ.①中… Ⅱ.①田… Ⅲ.①会计实务－资格考试－
自学参考资料 Ⅳ.①F233

中国版本图书馆 CIP 数据核字（2020）第 230961 号

财会人员实务操作丛书
中级会计实务技能训练
主　编　田旺林
副主编　蒋泽生　苏景丽　董小芳
Zhongji Kuaiji Shiwu Jineng Xunlian

出版发行	中国人民大学出版社			
社　　址	北京中关村大街 31 号		**邮政编码**	100080
电　　话	010 - 62511242（总编室）		010 - 62511770（质管部）	
	010 - 82501766（邮购部）		010 - 62514148（门市部）	
	010 - 62515195（发行公司）		010 - 62515275（盗版举报）	
网　　址	http://www.crup.com.cn			
经　　销	新华书店			
印　　刷	北京鑫丰华彩印有限公司			
规　　格	185 mm×260 mm　16 开本		**版　　次**	2021 年 1 月第 1 版
印　　张	11.25		**印　　次**	2021 年 1 月第 1 次印刷
字　　数	263 000		**定　　价**	29.00 元

前　言

中级会计实务技能训练是会计实践教学的一个重要组成部分，它对巩固学生的会计理论知识、培养学生的实际动手能力具有重要意义。会计类专业的相关课程不仅要强化理论教学环节，还应重视实践性教学环节。在应用型院校会计类专业相关课程的教学中，实训是实践性教学的重要内容。

为了规范会计实训的教学方法和教学过程，使实训"有据可循"，提高实训的教学效果，作者特编写本书。本书具有以下特点：

1. 以提高职业能力为主线，强化执业能力的培养

本书以制造业企业经济业务为主导，内容为企业12月的经济业务。通过实训，读者可以掌握中级会计实务会计核算的相关知识点，提高会计执业能力。

2. 突出中级会计实务会计核算特点，实训步骤清晰，可操作性强

本书的案例采集于制造业企业经常发生的典型经济业务，反映了存货、固定资产、投资性房地产、无形资产、非货币性资产交换、负债、收入、企业所得税、资产减值、政府补助、所有者权益、金融资产、费用、外币折算、专项储备、财务报表等会计核算的特点，让读者在实训中熟悉不同类型的制造业企业的会计核算及其工作步骤，增强感性认识。

本书分为上、下两篇，上篇内容包括企业会计核算的主要内容与规范、财务报表及附注的列报与规范、企业涉及的相关税项；下篇内容包括企业概况，存货核算，固定资产、投资性房地产和长期股权投资的核算等。

本书编写分工如下：蒋泽生撰写大纲，田旺林编写第一章、第八章和第九章，董小芳编写第二章、第十章和第十一章，张文惠编写第三章和第七章，苏景丽编写第四章至第六章，蒋泽生编写第十二章和第十三章，全书由田旺林审定。

本书可作为高等院校会计专业理论教材的配套实训教学用书，也可作为会计培训机构的实训教材，还可作为企业会计上岗培训的教学用书。

由于编者的时间和精力有限，书中难免存在不足之处，恳请广大读者批评指正。

编者

目 录

上篇　中级会计实训理论概述

第一章

企业会计核算的主要内容与规范

第一节

企业资产核算的主要内容与规范

一、存货

▶▶▶ （一）存货的概念

存货，是指企业在日常活动中持有以备出售的产成品或商品、处在生产过程中的在产品、在生产过程或提供劳务过程中耗用的材料、物料等。

▶▶▶ （二）存货的核算规范

➤ 1. 确认

存货同时满足下列条件的，才能予以确认：

（1）与该存货有关的经济利益很可能流入企业。

（2）该存货的成本能够可靠地计量。

➤ 2. 计量

存货应当按照成本进行初始计量。存货成本包括采购成本、加工成本和其他成本。

存货的采购成本，包括购买价款、相关税费、运输费、装卸费、保险费以及其他可归属于存货采购成本的费用。

存货的加工成本，包括直接人工以及按照一定方法分配的制造费用。

存货的其他成本，是指除采购成本、加工成本以外的，使存货达到目前场所和状态所发生的其他支出。

投资者投入存货的成本，应当按照投资合同或协议约定的价值确定，但合同或协议约定价值不公允的除外。

企业提供劳务的，所发生的从事劳务提供人员的直接人工和其他直接费用以及可归属的间接费用，计入存货成本。

企业应当采用先进先出法、加权平均法或者个别计价法确定发出存货的实际成本。

资产负债表日，存货应当按照成本与可变现净值孰低计量。

➤ 3. 披露

（1）在财务报表中的披露。

在资产负债表中"存货"包括各种原材料、商品、在产品、半成品、发出商品、包装物、低值易耗品和委托代销商品等的期末余额。

（2）在附注中的披露。

企业应当在附注中披露与存货有关的下列信息：

1）各类存货的期初和期末账面价值。

2）确定发出存货成本所采用的方法。

3）存货可变现净值的确定依据；存货跌价准备的计提方法；当期计提的存货跌价准备的金额；当期转回的存货跌价准备的金额；计提和转回的有关情况。

4）用于担保的存货账面价值。

二、长期股权投资

▶▶▶ （一）长期股权投资的概念

长期股权投资是指投资方对被投资方单位实施控制、重大影响的权益性投资，以及对其合营企业的权益性投资。

▶▶▶ （二）长期股权投资的核算规范

（1）企业合并形成的长期股权投资，应当按照下列规定确定其初始投资成本：

1）同一控制下的企业合并中，合并方以支付现金、转让非现金资产或承担债务方式作为合并对价的，应当在合并日按照取得被合并方所有者权益账面价值的份额作为长期股权投资的初始投资成本。长期股权投资初始投资成本与支付的现金、转让的非现金资产以及所承担债务账面价值之间的差额，应当调整资本公积；资本公积不足冲减的，调整留存收益。

合并方以发行权益性证券作为合并对价的，应当在合并日按照取得被合并方所有者权益账面价值的份额作为长期股权投资的初始投资成本。按照发行股份的面值总额作为股本，长期股权投资初始投资成本与所发行股份面值总额之间的差额，应当调整资本公积；资本公积不足冲减的，调整留存收益。

2）非同一控制下的企业合并中，购买方在购买日应当以按照《企业会计准则第20号——企业合并》确定的合并成本作为长期股权投资的初始投资成本。

（2）除企业合并形成的长期股权投资以外，其他方式取得的长期股权投资，应当按照下列规定确定其初始投资成本：

1）以支付现金取得的长期股权投资，应当按照实际支付的购买价款作为初始投资成本。初始投资成本包括与取得长期股权投资直接相关的费用、税金及其他必要支出，但实际支付的价款中包含的已宣告但尚未领取的现金股利，应作为应收项目单独核算。

2）以发行权益性证券取得的长期股权投资，应当按照发行权益性证券的公允价值作为初始投资成本。

3）投资者投入的长期股权投资，应当按照投资合同或协议约定的价值作为初始投资成本，但合同或协议约定价值不公允的除外。

4）通过非货币性资产交换取得的长期股权投资，其初始投资成本应当按照《企业会计准则第7号——非货币性资产交换》确定。

5）通过债务重组取得的长期股权投资，其初始投资成本应当按照《企业会计准则第12号——债务重组》确定。

（3）投资企业应当在附注中披露与长期股权投资有关的下列信息：

1）子公司、合营企业和联营企业清单，包括企业名称、注册地、业务性质、投资企业的持股比例和表决权比例。

2）合营企业和联营企业当期的主要财务信息，包括资产、负债、收入、费用等的合计金额。

3）被投资单位向投资企业转移资金的能力受到严格限制的情况。

4）当期及累计未确认的投资损失金额。

5）与对子公司、合营企业及联营企业投资相关的或有负债。

三、投资性房地产

▶▶▶　（一）投资性房地产的概念

投资性房地产，是指为赚取租金或资本增值，或两者兼有而持有的房地产。

▶▶▶　（二）投资性房地产的核算规范

➤ 1. 确认

投资性房地产应当能够单独计量和出售。

下列各项属于投资性房地产：

（1）已出租的土地使用权。

（2）持有并准备增值后转让的土地使用权。

（3）已出租的建筑物。

下列各项不属于投资性房地产：

（1）自用房地产，即为生产商品、提供劳务或者经营管理而持有的房地产。

（2）作为存货的房地产。

投资性房地产同时满足下列条件的，才能予以确认：

（1）与该投资性房地产有关的经济利益很可能流入企业。

（2）该投资性房地产的成本能够可靠地计量。

➤ 2. 计量

投资性房地产应当按照成本进行初始计量。

（1）外购投资性房地产的成本，包括购买价款、相关税费和可直接归属于该资产的其他支出。

（2）自行建造投资性房地产的成本，由建造该项资产达到预定可使用状态前所发生的必要支出构成。

（3）以其他方式取得的投资性房地产的成本，按照相关会计准则的规定确定。

企业应当在资产负债表日采用成本模式对投资性房地产进行后续计量，但有确凿证据表明投资性房地产的公允价值能够持续可靠取得的，可以对投资性房地产采用公允价值模式进行后续计量。采用公允价值模式计量的，应当同时满足下列条件：

（1）投资性房地产所在地有活跃的房地产交易市场。

（2）企业能够从房地产交易市场上取得同类或类似房地产的市场价格及其他相关信息，从而对投资性房地产的公允价值做出合理的估计。

采用公允价值模式计量的，不对投资性房地产计提折旧或进行摊销，应当以资产负债表日投资性房地产的公允价值为基础调整其账面价值，公允价值与原账面价值之间的差额计入当期损益。

企业通常应当采用成本模式对投资性房地产进行后续计量，也可采用公允价值模式对投资性房地产进行后续计量。但同一企业只能采用一种模式对所有投资性房地产进行后续计量，不得同时采用两种计量模式。

➤ 3. 披露

（1）在财务报表中的披露。

在资产负债表上单独列示投资性房地产账面余额。

（2）在附注中的披露。

企业应当在附注中披露与投资性房地产有关的下列信息：

1）投资性房地产的种类、金额和计量模式。

2）采用成本模式的，投资性房地产的折旧或摊销，以及减值准备的计提情况。

3）采用公允价值模式的，公允价值的确定依据和方法，以及公允价值变动对损益的影响。

4）房地产转换情况、理由，以及对损益或所有者权益的影响。

5）当期处置的投资性房地产及其对损益的影响。

四、固定资产

▶▶▶ ┌（一）固定资产的概念┐

固定资产，是指为生产商品、提供劳务、出租或经营管理而持有的，使用寿命超过一个会计年度的有形资产。

使用寿命，是指企业使用固定资产的预计期间，或者该固定资产所能生产产品或提供劳务的数量。

▶▶▶ ┌（二）固定资产的核算规范┐

➤ 1. 确认

固定资产同时满足下列条件的，才能予以确认：

（1）与该固定资产有关的经济利益很可能流入企业。

（2）该固定资产的成本能够可靠地计量。

固定资产的各组成部分具有不同使用寿命或者以不同方式为企业提供经济利益，适用不同折旧率或折旧方法的，应当分别将各组成部分确认为单项固定资产。

➤ 2. 计量

固定资产应当按照成本进行初始计量。

外购固定资产的成本，包括购买价款、相关税费、使固定资产达到预定可使用状态前所发生的可归属于该项资产的运输费、装卸费、安装费和专业人员服务费等。

以一笔款项购入多项没有单独标价的固定资产，应当按照各项固定资产公允价值比例对总成本进行分配，分别确定各项固定资产的成本。

购买固定资产的价款超过正常信用条件延期支付，实质上具有融资性质的，固定资产的成本以购买价款的现值为基础确定。实际支付的价款与购买价款的现值之间的差额，除按照《企业会计准则第 17 号——借款费用》应予资本化的以外，应当在信用期间内计入当期损益。

自行建造固定资产的成本，由建造该项资产达到预定可使用状态前所发生的必要支出构成。

应计入固定资产成本的借款费用，按照《企业会计准则第 17 号——借款费用》处理。

投资者投入固定资产的成本，应当按照投资合同或协议约定的价值确定，但合同或协议约定价值不公允的除外。

企业应当对所有固定资产计提折旧。但是，已提足折旧仍继续使用的固定资产和单独计价入账的土地除外。

企业应当根据固定资产的性质和使用情况，合理确定固定资产的使用寿命和预计净残值。

企业应当根据与固定资产有关的经济利益的预期实现方式，合理选择固定资产折旧方法。

可选用的折旧方法包括年限平均法、工作量法、双倍余额递减法和年数总和法等。

固定资产的折旧方法一经确定，不得随意变更。但是，当固定资产包含的经济利益预期实现方式有重大改变的除外。

固定资产应当按月计提折旧，当期增加的固定资产当期不计提折旧，当期减少的固定资产当期仍计提折旧。企业应当根据用途计入相关资产的成本或者当期损益。

企业至少应当于每年年度终了，对固定资产的使用寿命、预计净残值和折旧方法进行复核。固定资产使用寿命、预计净残值和折旧方法的改变应当作为会计估计变更。

➤ 3. 披露

（1）在资产负债表中的列示。

在资产负债表中，"固定资产"项目反映企业固定资产的原值，"累计折旧"项目反映企业固定资产的累计折旧余额，"固定资产减值准备"项目反映企业固定资产的减值准备期末余额。

（2）在附注中的列示。

企业应当在附注中披露与固定资产有关的下列信息：

1）固定资产的确认条件、分类、计量基础和折旧方法。

2）各类固定资产的使用寿命、预计净残值和折旧率。

3）各类固定资产的期初和期末原价、累计折旧额及固定资产减值准备累计金额。

4）当期确认的折旧费用。

5）对固定资产所有权的限制及其金额和用于担保的固定资产账面价值。

6）准备处置的固定资产名称、账面价值、公允价值、预计处置费用和预计处置时间等。

五、无形资产

▶▶▶ ┌ （一）无形资产的概念 ┐

无形资产，是指企业拥有或者控制的没有实物形态的可辨认非货币性资产。

资产满足下列条件之一的，符合无形资产定义中的可辨认性标准：

（1）能够从企业中分离或者划分出来，并能单独或者与相关合同、资产或负债一起用于出售、转移、授予许可、租赁或者交换。

（2）源自合同性权利或其他法定权利，无论这些权利是否可以从企业或其他权利和义务中转移或者分离。

▶▶▶ ┌ （二）无形资产的核算规范 ┐

➤ 1. 确认

无形资产同时满足下列条件的，才能予以确认：

（1）与该无形资产有关的经济利益很可能流入企业。

（2）该无形资产的成本能够可靠地计量。

➤ 2. 计量

无形资产应当按照成本进行初始计量。

企业应当于取得无形资产时分析判断其使用寿命。无形资产的使用寿命为有限的，应当估计该使用寿命的年限或者构成使用寿命的产量等类似计量单位数量；无法预见无形资产为企业带来经济利益期限的，应当视为使用寿命不确定的无形资产。

无形资产的推销金额一般应当计入当期损益。某项无形资产包含的经济利益通过所生产的产品或其他资产实现的，其摊销金额应当计入相关资产的成本。

➤ 3. 披露

（1）在资产负债表中的列示。

在资产负债表中，"无形资产"项目反映企业无形资产的原值，"累计摊销"项目反映企业固定资产的累计摊销余额，"无形资产减值准备"项目反映企业无形资产的减值准备期末余额。

（2）在附注中的列示。

企业应当按照无形资产的类别在附注中披露与无形资产有关的下列信息：

1）无形资产的期初和期末账面余额、累计摊销额及减值准备累计金额。

2）使用寿命有限的无形资产，其使用寿命的估计情况；使用寿命不确定的无形资产，其使用寿命不确定的判断依据。

3）无形资产的摊销方法。

4）用于担保的无形资产账面价值、当期摊销额等情况。

5）计入当期损益和确认为无形资产的研究开发支出金额。

六、非货币性资产交换

▶▶▶ （一）非货币性资产交换的概念

非货币性资产交换是指企业主要以固定资产、无形资产、投资性房地产和长期股权投资等非货币性资产进行的交换，该交换不涉及或只涉及少量货币性资产（即补价）。

▶▶▶ （二）非货币性资产交换的核算规范

➤ 1. 确认

企业应当分别按照下列原则对非货币性资产交换中的换入资产进行确认，对换出资产终止确认：（1）对于换入资产，企业应当在换入资产符合资产定义并满足资产确认条件时予以确认；（2）对于换出资产，企业应当在换出资产满足资产终止确认条件时终止确认。

换入资产的确认时点与换出资产的终止确认时点存在不一致的，企业在资产负债表日应当按照下列原则进行处理：（1）换入资产满足资产确认条件，换出资产尚未满足终止确认条件的，在确认换入资产的同时将交付换出资产的义务确认为一项负债。（2）换入资产尚未满足资产确认条件，换出资产满足终止确认条件的，在终止确认换出资产的同时将取得换入资产的权利确认为一项资产。

➤ 2. 计量

非货币性资产交换同时满足下列条件的，应当以公允价值为基础计量：（1）该项交换具有商业实质；（2）换入资产或换出资产的公允价值能够可靠地计量。换入资产和换出资产的公允价值均能够可靠计量的，应当以换出资产的公允价值为基础计量，但有确凿证据表明换入资产的公允价值更加可靠的除外。

以公允价值为基础计量的非货币性资产交换，对于换入资产，应当以换出资产的公允价值和应支付的相关税费作为换入资产的成本进行初始计量；对于换出资产，应当在终止确认时，将换出资产的公允价值与其账面价值之间的差额计入当期损益。

➤ 3. 披露

企业应当在附注中披露与非货币性资产交换有关的下列信息：

（1）非货币性资产交换是否具有商业实质及其原因。

（2）换入资产、换出资产的类别。

（3）换入资产初始计量金额的确定方式。

（4）换入资产、换出资产的公允价值以及换出资产的账面价值。

（5）非货币性资产交换确认的损益。

七、资产减值

▶▶▶ （一）资产减值的概念

资产减值，是指资产的可收回金额低于其账面价值。

企业应当在资产负债表日判断资产是否存在可能发生减值的迹象。

因企业合并所形成的商誉和使用寿命不确定的无形资产，无论是否存在减值迹象，每年都应当进行减值测试。

▶▶▶ （二）资产减值的核算规范

➤ 1. 确认

存在下列迹象的，表明资产可能发生了减值：

（1）资产的市价当期大幅度下跌，其跌幅明显高于因时间的推移或者正常使用而预计的下跌。

（2）企业经营所处的经济、技术或者法律等环境以及资产所处的市场在当期或者将在近期发生重大变化，从而对企业产生不利影响。

（3）市场利率或者其他市场投资报酬率在当期已经提高，从而影响企业计算资产预计未来现金流量的折现率，导致资产可收回金额大幅度降低。

（4）有证据表明资产已经陈旧过时或者实体已经损坏。

（5）资产已经或者将被闲置、终止使用或者计划提前处置。

（6）企业内部报告的证据表明资产的经济绩效已经低于或者将低于预期，如资产所创造的净现金流量或者实现的营业利润（或者亏损）远远低于（或者高于）预计金额等。

（7）其他表明资产可能已经发生减值的迹象。

➤ 2. 计量

资产存在减值迹象的，应当估计其可收回金额。

可收回金额应当根据资产的公允价值减去处置费用后的净额与资产预计未来现金流量

的现值两者之间较高者确定。

处置费用包括与资产处置相关的法律费用、相关税费、搬运费以及为使资产达到可销售状态所发生的直接费用等。

可收回金额的计量结果表明，资产的可收回金额低于其账面价值的，应当将资产的账面价值减记至可收回金额，减记的金额确认为资产减值损失，计入当期损益，同时计提相应的资产减值准备。

资产减值损失确认后，减值资产的折旧或者摊销费用应当在未来期间做相应调整，以使该资产在剩余使用寿命内，系统地分摊调整后的资产账面价值（扣除预计净残值）。

资产减值损失一经确认，在以后会计期间不得转回。

➤ 3. 披露

（1）在财务报表中的披露。

在资产负债表里，各资产均以减资产减值准备的余额登记资产负债表。

《企业会计准则》规定，对资产计提八项减值准备，其分别是：

1）对应收账款和其他应收款等应收款项计提的坏账准备。

2）对股票、债券等短期投资计提的短期投资跌价准备。

3）对长期股权投资和长期债权投资等长期投资计提的长期投资减值准备。

4）对原材料、包装物、低值易耗品、库存商品等存货计提的存货跌价准备。

5）对房屋建筑物、机器设备等固定资产计提的固定资产减值准备。

6）对专利权、商标权等无形资产计提的无形资产减值准备。

7）在建工程减值准备。

8）委托贷款的委托贷款减值准备。

除了货币资金、应收票据、预付账款、长期待摊费用等外的资产均计提了相应的减值准备。

（2）在附注中的披露。

企业应当在附注中披露与资产减值有关的下列信息：

1）当期确认的各项资产减值损失的金额。

2）计提的各项资产减值准备累计金额。

3）提供分部报告信息的，应当披露各个报告分部当期确认的减值损失金额。

估计资产可收回金额应当遵循重要性要求。

八、金融工具

▶▶▶ （一）金融工具的概念

金融工具是指形成一方的金融资产并形成其他方的金融负债或权益工具的合同。

▶▶▶ （二）金融工具的核算规范

➤ 1. 确认

金融资产是指企业持有的现金、其他方的权益工具以及符合下列条件之一的资产：

（1）从其他方收取现金或其他金融资产的合同权利。

（2）在潜在有利条件下，与其他方交换金融资产或者金融负债的合同权利。

（3）将来需用或者可用企业自身权益工具进行结算的非衍生工具合同，且企业根据该合同将收到可变数量的自身权益工具。

（4）将来需用或可用企业自身权益工具进行结算的衍生工具合同，但以固定数量的自身权益工具交换固定金额的现金或其他金融资产的衍生工具合同除外。

金融负债是指企业符合下列条件之一的负债：

（1）向其他方收取现金或其他金融资产的合同义务。

（2）在潜在不利条件下，与其他方交换金融资产或者金融负债的合同义务。

（3）将来需用或者可用企业自身权益工具进行结算的非衍生工具合同，且企业根据该合同将收到可变数量的自身权益工具。

（4）将来需用或可用企业自身权益工具进行结算的衍生工具合同，但以固定数量的自身权益工具交换固定金额的现金或其他金融资产的衍生工具合同除外。

企业成为金融工具合同的一方时，应当确认一项金融资产或金融负债。

➤ 2. 计量

企业应当根据其管理金融资产的业务模式和金融资产的合同现金流量特征，将金融资产划分为以下三类：

（1）以摊余成本计量的金融资产。

（2）以公允价值计量且其变动计入其他综合收益的金融资产。

（3）以公允价值计量且其变动计入当期损益的金融资产。

企业初始确认金融资产或金融负债，应当按照公允价值计量。

企业应当按照企业会计准则的规定，以预期信用损失为基础，对相关金融资产进项减值会计处理并确认损失准备。

➤ 3. 披露

（1）在财务报表中的披露。

对金融工具的列报分为金融资产和金融负债。金融资产包括交易性金融资产、持有至到期投资、可供出售金融资产和贷款与应收款项。金融负债包括交易性金融负债和其他金融负债。

（2）在附注中的披露。

1）需要披露相关政策信息。

2）需要披露公允价值信息。

3）需要披露账面价值信息。

4）金融资产需要披露的信息。

5）金融负债需要披露的信息。

6）套期需要披露的信息。

7）衍生工具需要披露的信息。

8）损益需要披露的信息。

9）相关风险需要披露的信息。

10）其他需要披露的信息。

九、公允价值

▶▶▶ （一）公允价值概念

公允价值是指市场参与者在计量日发生的有序交易中，出售一项资产所能收到或者转移一项负债所需支付的价格。

▶▶▶ （二）公允价值的核算规范

➢ 1. 确认

企业以公允价值计量相关资产或负债，应当考虑该资产或负债的特征。

企业以公允价值计量相关资产或负债，应当假定市场参与者在计量日出售资产或者转移负债的交易，是在当前市场条件下的有序交易。

企业以公允价值计量相关资产或负债，应当假定市场参与者在对该资产或负债定价时为实现其经济利益最大化所使用的假设。

➢ 2. 计量

企业应根据交易性质和相关资产或负债的特征等，判断初始确认时的公允价值是否与其交易价格相等。

企业以公允价值计量相关资产或负债，应当采用在当期情况下适用并且有足够可利用数据和其他信息支持的估值技术。

➢ 3. 披露

在相关资产或负债初始确认后的每个资产负债表日，企业至少应当在附注中披露持续以公允价值计量的每组资产和负债的信息。

第二节

企业负债核算的主要内容与规范

一、职工薪酬

▶▶▶ （一）职工薪酬的概念

职工薪酬，是指企业为获得职工提供的服务或解除劳动关系而给予的各种形式的报酬或补偿。企业提供给职工配偶、子女、受赡养人、已故员工遗属及其他受益人等的福利，也属于职工薪酬。

▶▶▶ ┌ **（二）职工薪酬的核算规范** ┐

➢ **1. 确认**

职工薪酬主要包括短期薪酬、离职后福利、辞退福利和其他长期职工福利。

（1）短期薪酬。

短期薪酬，是指企业预期在职工提供相关服务的年度报告期间结束后十二个月内将全部予以支付的职工薪酬，因解除与职工的劳动关系给予的补偿除外。因解除与职工的劳动关系给予的补偿属于辞退福利的范畴。

（2）离职后福利。

离职后福利，是指企业为获得职工提供的服务而在职工退休或与企业解除劳动关系后，提供的各种形式的报酬和福利，属于短期薪酬和辞退福利的除外。

（3）辞退福利。

辞退福利，是指企业在职工劳动合同到期之前解除与职工的劳动关系，或者为鼓励职工自愿接受裁减而给予职工的补偿。

（4）其他长期职工福利。

其他长期职工福利，是指除短期薪酬、离职后福利、辞退福利之外所有的职工薪酬，包括长期带薪缺勤、长期残疾福利、长期利润分享计划等。

➢ **2. 计量**

企业应当在职工为其提供服务的会计期间，将实际发生的短期薪酬确认为负债，并计入当期损益，其他相关会计准则要求或允许计入资产成本的除外。

➢ **3. 披露**

（1）在财务报表中的列示。

"应付职工薪酬"项目反映企业应付未付的工资和社会保险费等职工薪酬。在资产负债表中，本项目应根据"应付职工薪酬"账户的期末贷方余额填列，如"应付职工薪酬"账户期末为借方余额，以"－"号填列。

（2）在附注中的列示。

企业应当在附注中披露与短期职工薪酬有关的信息；披露所设立或者参与的设定提存计划的性质、计算缴费金额的公式与依据，当期缴费金额以及期末应付未付金额；披露与设定受益计划有关的信息；披露支付的因解除劳动关系所提供辞退福利及其期末应付未付金额；披露提供的其他长期职工福利的性质、金额及其计算依据。

二、借款费用

▶▶▶ ┌ **（一）借款费用的概念** ┐

借款费用是指企业因借款而发生的利息及其他相关成本。

▶▶▶ **（二）借款费用的核算规范**

➢ **1. 确认**

借款费用包括借款利息、折价或者溢价的摊销、辅助费用以及因外币借款而发生的汇兑差额等。

➢ **2. 计量**

企业发生的借款费用，可直接归属于符合资本化条件的资产的购建或者生产的，应当予以资本化，计入相关资产成本；其他借款费用，应当在发生时根据其发生额确认为费用，计入当期损益。

➢ **3. 披露**

（1）在财务报表中的列示。

在资产负债表中，"其他应付款"项目列示包括"应付利息"科目的期末余额和"其他应付款"科目的期末余额合计数。

（2）在附注中的列示。

企业应当在附注中披露与借款费用有关的下列信息：

1）当期资本化的借款费用金额。

2）当期用于计算确定借款费用资本化金额的资本化率。

第三节

企业所有者权益核算的主要内容与规范

一、收入

▶▶▶ **（一）收入的概念**

收入是指企业在日常活动中形成的、会导致所有者权益增加的、与所有者投入资本无关的经济利益的总流入。

▶▶▶ **（二）收入的核算规范**

➢ **1. 确认**

企业应当在履行了合同中的履约义务，即在客户取得相关商品控制权时确认收入。

取得相关商品控制权是指能够主导该商品的使用并从中获得几乎全部的经济利益。

当企业与客户之间的合同同时满足下列条件时，企业应当在客户取得相关商品控制权时确认收入：

（1）合同各方已批准该合同将履行各自义务。

（2）该合同明确了合同各方与所转让商品或提供劳务相关的权利和义务。

（3）该合同有明确的与所转让商品相关的支付条款。

（4）该合同具有商业实质，即履行该合同将改变企业未来现金流量的风险、时间分布或金额。

（5）企业因向客户转让商品而有权取得的对价很可能收回。

➢ **2. 计量**

企业应当按照分摊至各单项履约义务的交易价格计量收入。

交易价格是指企业因向客户转让商品而预期有权收取的对价金额。企业代第三方收取的款项以及企业预期将退还给客户的款项，应当作为负债进行会计处理，不计入交易价格。

企业应当根据本企业履行履约义务与客户付款之间的关系在资产负债表中列示合同资产或合同负债。企业拥有的、无条件（即仅取决于时间流逝）向客户收取对价的权利应当作为应收款项单独列示。

合同资产是指企业已向客户转让商品而有权收取对价的权利，且该权利取决于时间流逝之外的其他因素。

合同负债是指企业已收或应收客户对价而应向客户转让商品的义务。

➢ **3. 披露**

（1）在财务报表中的列示。

在利润表中的营业收入中列示收入的总额。

（2）在附注中的列示。

企业应当在附注中披露与收入有关的下列信息：

1）收入确认和计量所采用的会计政策、对于收入确认的时点和金额具有重大影响的判断以及这些判断的变更。

2）与合同相关的信息；与本期确认收入相关的信息；与应收款项、合同资产和合同负债的账面价值相关的信息；与履约义务相关的信息；与分摊至剩余履约义务的交易价格相关的信息。

3）与合同成本有关的资产相关的信息。

4）企业因预计客户取得商品控制权与客户支付价款间隔未超过一年而未考虑合同中存在的重点融资成分，或者因合同取得成本的摊销期限未超过一年而将其在发生时计入当期损益的，应当披露该事实。

二、政府补助

▶▶▶ **（一）政府补助的概念**

政府补助是指企业从政府无偿取得货币性资产或非货币性资产。

政府补助分为与资产相关的政府补助和与收益相关的政府补助。

▶▶▶ （二）政府补助的核算规范

➤ 1. 确认

政府补助同时满足下列条件的，才能予以确认：

（1）企业能够满足政府补助所附条件。

（2）企业能够收到政府补助。

➤ 2. 计量

政府补助采用两种方法计量：采用总额法计量时，将政府补助全额确认为收益；采用净额法计量时，将政府补助作为相关成本费用的扣减。

➤ 3. 披露

（1）在财务报表中的披露。

企业应当在利润表中的"营业利润"项目之下单独列报"其他收益"项目，计入其他收益的政府补助在该项目中反映。

（2）在附注中的披露。

企业应当在附注中单独披露与政府补助相关的下列信息：

1）政府补助的种类、金额和列报项目。

2）计入当期损益的政府补助金额。

3）本期退回的政府补助金额及原因。

三、企业所得税

▶▶▶ （一）企业所得税的概念

《企业会计准则》所称所得税包括企业以应纳税所得额为基础的各种境内和境外税额。

▶▶▶ （二）企业所得税的核算规范

➤ 1. 确认

企业在取得资产、负债时，应当确定其计税基础。资产、负债的账面价值与其计税基础存在差异的，应当按照《企业会计准则》的规定确认所产生的递延所得税资产或递延所得税负债。

资产的计税基础是指企业收回资产账面价值过程中，计算应纳税所得额时按照税法规定可以自应税经济利益中抵扣的金额。

负债的计税基础是指负债的账面价值减去未来期间计算应纳税所得额时按照税法规定可予抵扣的金额。

暂时性差异是指资产或负债的账面价值与其计税基础之间的差额；未作为资产和负债确认的项目，按照税法规定可以确定其计税基础的，该计税基础与其账面价值之间的差额也属于暂时性差异。

➤ 2. 计量

企业应当将当期和以前期间应交未交的所得税确认为负债，将已支付的所得税超过应支付的部分确认为资产。

存在应纳税暂时性差异或可抵扣暂时性差异的，应当按照《企业会计准则》的规定确认递延所得税负债或递延所得税资产。

➤ 3. 披露

（1）在财务报表中的列示。

资产负债表日，对应当期和以前期间形成的当期所得税负债（或资产），应当按照税法规定计算的预期应缴纳（或返还）的所得税金额计量。

递延所得税资产和递延所得税负债应当分别作为非流动资产和非流动负债在资产负债表中列示。

（2）在附注中的列示。

企业应当在附注中披露与所得税有关的下列信息：

1）所得税费用（收益）的主要组成部分。

2）所得税费用（收益）与会计利润关系的说明。

3）未确认递延所得税资产的可抵扣暂时性差异、可抵扣亏损的金额（如果存在到期日，还应披露到期日）。

4）对每一类暂时性差异和可抵扣亏损，在列报期间确认的递延所得税资产或递延所得税负债的金额，确认递延所得税资产的依据。

5）未确认递延所得税负债的，与对子公司、联营企业及合营企业投资相关的暂时性差异金额。

四、外币折算

▶▶▶ （一）外币折算的概念

外币交易是指以外币计价或者结算的交易。外币是企业记账本位币以外的货币。

记账本位币是指企业经营所处的主要经济环境中的货币。

▶▶▶ （二）外币折算的核算规范

➤ 1. 确认

企业对于发生的外币交易，应当将外币金额折算为记账本位币金额。

➤ 2. 计量

外币交易应当在初始确认时，采用交易发生日的即期汇率将外币金额折算为记账本位币金额；也可以采用按照系统合理的方法确定的、与交易发生日即期汇率近似的汇率折算。

➤ 3. 披露

（1）在财务报表中的列示。

企业在资产负债表日，应当按照下列规定对外币货币性项目和外币非货币性项目进行处理：

1）外币货币性项目，是指企业持有的货币资金和将以固定或可确定的金额收取的资产或者偿付的负债，货币性项目分为货币性资产和货币性负债。

外币货币性项目，采用资产负债表日即期汇率折算。因资产负债表日即期汇率与初始确认时或者前一资产负债表日即期汇率不同而产生的汇兑差额，计入当期损益。

2）外币非货币性项目，是指货币性项目以外的项目，包括存货、长期股权投资、固定资产、无形资产等。

以历史成本计量的外币非货币性项目，仍采用交易发生日的即期汇率折算，不改变其记账本位币金额。

（2）在附注中的列示。

企业应当在附注中披露与外币折算有关的下列信息：

1）企业及其境外经营选定的记账本位币及选定的原因。

2）记账本位币发生变更的，说明变更理由。

3）采用近似汇率的，应披露近似汇率的确定方法。

4）计入当期损益的汇兑差额。

5）处置境外经营对外币财务报表折算差额的影响。

第二章

财务报表及附注的列报与规范

第一节

财务报表的列报规范

一、总体要求

　　财务报表是对企业财务状况、经营成果和现金流量的结构性表述。一套完整的财务报表至少应当包括"四表一注"，即资产负债表、利润表、现金流量表、所有者权益变动表和附注，并且这些组成部分在列报上具有同等重要的程度，企业不得强调某张报表或某些报表（或附注）较其他报表（或附注）更为重要。

　　《企业会计准则第 30 号——财务报表列报》规范了财务报表的列报。列报，是指交易或事项在报表中的列示和在附注中的披露。其中，"列示"通常反映资产负债表、利润表、现金流量表和所有者权益（或股东权益，下同）变动表等报表中的信息,"披露"通常反映附注中的信息。

资产负债表应当按照资产、负债和所有者权益三大类别分类列报,并且资产和负债应当按照流动性列示。

利润表应当对费用按照功能分类进行列报,同时在附注中披露费用按照性质分类的利润表补充资料;利润表中其他综合收益项目应当根据其他相关会计准则的规定分为"以后会计期间不能重分类进损益的其他综合收益项目"和"以后会计期间在满足规定条件时将重分类进损益的其他综合收益项目"两类列报。

所有者权益变动表应当反映构成所有者权益的各组成部分当期的增减变动情况,综合收益和与所有者(或股东)的资本交易导致的所有者权益变动应当分别列示。

现金流量表也叫账务状况变动表,所表达的是在一固定期间(通常是每月或每季)内,一家机构的现金(包含现金等价物)的增减变动情形。现金流量表是反映一家公司在一定时期现金流进和现金流出动态状况的报表。通过现金流量表,可以概括反映经营活动、投资活动和筹资活动对企业现金流进流出的影响,对于评价企业的实现利润、财务状况及财务治理,要比传统的损益表能提供更好的基础。

附注是对在资产负债表、利润表、现金流量表和所有者权益变动表等报表中列示项目的文字描述或明细资料,以及对未能在这些报表中列示项目的说明等。

企业应当根据《企业会计准则》及应用指南的规定,并结合自身经营活动的性质,确定本企业适用的财务报表格式。企业如存在特殊项目或特殊行业企业确有特别需要的,可以结合本企业的实际情况,在应用指南规定的财务报表格式的基础上对财务报表格式进行相应的调整和补充。

二、关于财务报表列报的基本要求

企业应当根据实际发生的交易或事项,以持续经营为基础,按照权责发生制编制其他财务报表(现金流量表按照收付实现制编制)。

财务报表项目的列报应当在各个会计期间保持一致,不得随意变更。这一要求不仅针对财务报表中的项目名称,还包括财务报表项目的分类、排列顺序等方面。

关于项目在财务报表中是单独列报还是汇总列报,应当依据重要性原则来判断。总的原则是,如果某项目单个看不具有重要性,则可将其与其他项目汇总列报;如具有重要性,则应当单独列报。

财务报表项目应当以总额列报,资产和负债、收入和费用、直接计入当期利润的利得项目和损失项目的金额不能相互抵销,即不得以净额列报,但企业会计准则另有规定的除外。

企业在列报当期财务报表时,至少应当提供所有列报项目上一个可比会计期间的比较数据,以及与理解当期财务报表相关的说明,目的是向报表使用者提供对比数据,提高信息在会计期间的可比性。列报比较信息的这一要求适用于财务报表的所有组成部分,即既适用于四张报表,也适用于附注。

财务报表通常与其他信息(如企业年度报告等)一起公布,企业应当将按照企业会计准则编制的财务报告与一起公布的同一文件中的其他信息相区分。

三、关于资产负债表

资产负债表是反映企业在某一特定日期的财务状况的会计报表，即反映了某一特定日期关于企业资产、负债、所有者权益及其相互关系的信息。

资产负债列报应当如实反映企业在资产负债表日所拥有的资源、所承担的负债以及所有者所拥有的权益。资产负债表应当按照资产、负债和所有者权益三大类别分类列报。

资产负债表上资产和负债应当按照流动性分别分为流动资产和非流动资产、流动负债和非流动负债列示。

资产负债表中的资产类至少应当列示流动资产和非流动资产的合计项目；负债类至少应当列示流动负债、非流动负债以及负债的合计项目；所有者权益类应当列示所有者权益的合计项目。

资产负债表遵循了"资产＝负债＋所有者权益"这一会计恒等式，把企业在特定时日所拥有的经济资源和与之相对应的企业所承担的债务及偿债以后属于所有者的权益充分反映出来。

资产负债表应当分别列示资产总计项目与负债和所有者权益之和的总计项目，并且这两者的金额应当相等。

四、关于利润表

利润表是反映企业在一定会计期间的经营成果的会计报表，反映了企业经营业绩的主要来源和构成。

企业在利润表中应当对费用按照功能分类，分为从事经营业务发生的成本、管理费用、销售费用和财务费用等，企业的活动通常可以划分为生产、销售、管理、融资等，每一种活动上发生的费用所发挥的功能并不相同，因此，按照费用功能法将其分开列报，有助于使用者了解费用发生的活动领域。

综合收益，是指企业在某一期间除与所有者以其所有者身份进行的交易之外的其他交易或事项所引起的所有者权益变动。"综合收益总额"项目反映净利润和其他综合收益扣除所得税影响后的净额相加后的合计金额。其他综合收益，是指企业未在当期损益中确认的各项利得和损失。

五、关于所有者权益变动表

所有者权益变动表是反映构成所有者权益的各组成部分当期的增减变动情况的报表。所有者权益变动表应当全面反映一定时期所有者权益变动的情况，不仅包括所有者权益总量的增减变动，还包括所有者权益增减变动的重要结构性信息，有助于报表使用者理解所有者权益增减变动的根源。

所有者权益变动表应当反映构成所有者权益的各组成部分当期的增减变动情况。综合收益和与所有者（或股东）的资本交易导致的所有者权益的变动，应当分别列示。与所有者的资本交易，是指与所有者以其所有者身份进行的、导致企业所有者权益变动的交易。

企业应当反映所有者权益各组成部分的期初和期末余额及其调节情况。因此，企业应当以矩阵的形式列示所有者权益变动表：一方面，列示导致所有者权益变动的交易或事项，按所有者权益变动的来源对一定时期所有者权益变动情况进行全面反映；另一方面，按照所有者权益各组成部分（包括实收资本、资本公积、其他综合收益、盈余公积、未分配利润、库存股等）及其总额列示相关交易或事项对所有者权益的影响。

企业需要提供比较所有者权益变动表，所有者权益变动表还应就各项目再分为"本年金额"和"上年金额"两栏分别填列。

六、关于现金流量表

现金流量表也叫账务状况变动表，所表达的是在一固定期间（通常是每月或每季）内，一家机构的现金（包含现金等价物）的增减变动情形。

现金流量表格式分为一般企业、商业银行、保险公司、证券公司等企业类型。企业应当根据其经营活动的性质，确定本企业使用的现金流量表格式。

现金是指企业库存现金以及可以随时用于支付的存款，包括库存现金、银行存款和其他货币资金（如外埠存款、银行汇票存款、银行本票存款）等。不能随时用于支付的存款不属于现金。

现金等价物，是指企业持有的期限短、流动性强、易于转换为已知金额现金、价值变动风险很小的投资。期限短，一般是指从购买日起三个月内到期。现金等价物通常包括三个月内到期的债券投资等。权益性投资变现的金额通常不确定，因而不属于现金等价物。企业应当根据具体情况，确定现金等价物的范围，一经确定不得随意变更。

企业的现金流量分为三大类：经营活动产生的现金流量、投资活动产生的现金流量、筹资活动产生的现金流量。

七、关于附注

附注是对在资产负债表、利润表、现金流量表和所有者权益变动表等报表中列示项目的文字描述或明细资料，以及对未能在这些报表中列示项目的说明等。附注的披露要求是对企业附注披露的最低要求，应当适用于所有类型的企业，企业还应当按照各项会计准则的规定在附注中披露相关信息。

第二节

财务报表及附注编制方法

一、资产负债表的编制方法

资产负债表编制规范参考本系列《初级会计实务技能训练》。

二、利润表的编制方法

利润表编制规范参考本系列《初级会计实务技能训练》。

三、现金流量表的编制方法

现金流量表所表达的是在一固定期间内，一家机构的现金的增减变动情形，现金流量表的出现，主要是反映资产负债表中各个项目对现金流量的影响，并根据其用途划分为经营、投资及筹资三个活动分类。

▶▶▶ （一）经营活动产生的现金流量的编制方法

经营活动现金流入和现金流出的各项目的内容和填列方法如下。

➤ 1. "销售商品、提供劳务收到的现金"项目

本项目可根据"主营业务收入""其他业务收入""应收账款""应收票据""预收账款""库存现金""银行存款"等账户分析填列。

本项目的现金流入可用下述公式计算求得：

$$\text{销售商品、提供劳务收到的现金} = \text{本期营业收入净额} + \begin{pmatrix} \text{本期应收账款减少额} \\ (-\text{应收账款增加额}) \end{pmatrix} + \begin{pmatrix} \text{本期应收票据减少额} \\ (-\text{应收票据增加额}) \end{pmatrix} + \begin{pmatrix} \text{本期预收账款增加额} \\ (-\text{预收账款减少额}) \end{pmatrix}$$

➤ 2. "收到的税费返还"项目

该项目反映企业收到返还的各种税费。本项目可以根据"库存现金""银行存款""应交税费""税金及附加"等账户的记录分析填列。

➤ 3. "收到的其他与经营活动有关的现金"项目

本项目反映企业除了上述各项目以外收到的其他与经营活动有关的现金流入，如罚款收入、流动资产损失中由个人赔偿的现金收入等。本项目可根据"营业外收入""营业外

支出""库存现金""银行存款""其他应收款"等账户的记录分析填列。

> 4. "购买商品、接受劳务支付的现金"项目

本项目可根据"应付账款""应付票据""预付账款""库存现金""银行存款""主营业务成本""其他业务成本""存货"等账户的记录分析填列。

本项目的现金流出可用以下公式计算求得：

$$
\begin{aligned}
\text{购买商品、接受} \atop \text{劳务支付的现金} = \text{营业成本} &+ \frac{\text{本期存货增加额}}{(-\text{本期存货减少额})} + \frac{\text{本期应付账款减少额}}{(-\text{本期应付账款增加额})} \\
&+ \frac{\text{本期应付票据减少额}}{(-\text{本期应付票据增加额})} + \frac{\text{本期预付账款增加额}}{(-\text{本期预付账款减少额})}
\end{aligned}
$$

> 5. "支付给职工以及为职工支付的现金"项目

本项目可根据"库存现金""银行存款""应付职工薪酬""生产成本"等账户的记录分析填列。

> 6. "支付的各项税费"项目

本项目应根据"应交税费""库存现金""银行存款"等账户的记录分析填列。

> 7. "支付的其他与经营活动有关的现金"项目

本项目反映企业除上述各项目外，支付的其他与经营活动有关的现金，包括罚款支出、差旅费、业务招待费、保险费支出、支付的离退休人员的各项费用等。本项目应根据"管理费用""销售费用""营业外支出"等账户的记录分析填列。

(二) 投资活动产生的现金流量的编制方法

投资活动现金流入和现金流出的各项目的内容和填列方法如下：

> 1. "收回投资所收到的现金"项目

本项目应根据"交易性金融资产""长期股权投资""库存现金""银行存款"等账户的记录分析填列。

> 2. "取得投资收益所收到的现金"项目

本项目应根据"投资收益""库存现金""银行存款"等账户的记录分析填列。

> 3. "处置固定资产、无形资产和其他长期资产所收回的现金净额"项目

本项目可根据"固定资产清理""库存现金""银行存款"等账户的记录分析填列。

> 4. "收到的其他与投资活动有关的现金"项目

本项目反映除上述各项目以外，收到的其他与投资活动有关的现金流入。应根据"库存现金""银行存款"和其他有关账户的记录分析填列。

> 5. "购建固定资产、无形资产和其他长期资产所支付的现金"项目

本项目应根据"固定资产""无形资产""在建工程""库存现金""银行存款"等账户的记录分析填列。

> 6. "投资所支付的现金"项目

本项目应根据"交易性金融资产""长期股权投资""持有至到期投资""库存现金""银行存款"等账户的记录分析填列。

> 7. "支付的其他与投资活动有关的现金"项目

本项目应根据"库存现金""银行存款""应收股利""应收利息"等账户的记录分析填列。

▶▶▶ （三）筹资活动产生的现金流量的编制方法

筹资活动产生的现金流入和现金流出包括的各项目的内容和填列方法如下：

> 1. "吸收投资所支付的现金"项目

本项目可根据"实收资本（或股本）""应付债券""库存现金""银行存款"等账户的记录分析填列。

> 2. "借款所得到的现金"项目

本项目可根据"短期借款""长期借款""银行存款"等账户的记录分析填列。

> 3. "收到的其他与筹资活动有关的现金"项目

本项目应根据"库存现金""银行存款"和其他有关账户的记录分析填列。

> 4. "偿还债务所支付的现金"项目

本项目可根据"短期借款""长期借款""应付债券""库存现金""银行存款"等账户的记录分析填列。

> 5. "分配股利、利润或偿还利息所支付的现金"项目

本项目可根据"应付股利（或应付利润）""财务费用""长期借款""应付债券""库存现金""银行存款"等账户的记录分析填列。

> 6. "支付的其他与筹资活动有关的现金"项目

本项目反映除了上述各项目以外，支付的与筹资活动有关的现金流出。例如发行股票债券所支付的审计、咨询等费用。该项目可根据"库存现金""银行存款"和其他有关账户的记录分析填列。

▶▶▶ （四）汇率变动对现金及现金等价物的影响的编制方法

本项目反映企业的外币现金流量发生日所采用的汇率与期末汇率的差额对现金的影响数额。

▶▶▶ （五）"现金及现金等价物的净增加额"的编制方法

"现金及现金等价物的净增加额"，是将本表中"经营活动产生的现金流量净额""投资活动产生的现金流量净额""筹资活动产生的现金流量净额""汇率变动对现金的影响"四个项目相加得出的。

▶▶▶ （六）期末现金及现金等价物余额的填列

期末现金及现金等价物余额项目是将计算出来的现金及现金等价物净增加额加上期初现金及现金等价物金额求得。它应该与企业期末的全部货币资金与现金等价物的合计余额相等。

四、所有者权益变动表的编制方法

所有者权益变动表是反映公司本期（年度或中期）内至截至期末所有者权益变动情况

的报表。

▶▶▶ ┌ **（一）上年金额栏的列报方法** ┐

所有者权益变动表"上年金额"栏内各项数字，应根据上年度所有者权益变动表"本年金额"栏内所列数字填列。如果上年度所有者权益变动表规定的各个项目的名称和内容同本年度不一致，应对上年度所有者权益变动表各项目的名称和数字按本年度的规定进行调整，填入所有者权益变动表"上年金额"栏内。

▶▶▶ ┌ **（二）本年金额栏的列报方法** ┐

所有者权益变动表"本年金额"栏内各项数字一般应根据"实收资本（或股本）""资本公积""盈余公积""利润分配""库存股""以前年度损益调整"等科目的发生额分析填列。

▶▶▶ ┌ **（三）所有者权益变动表各项目的列报说明** ┐

（1）"上年年末余额"项目，反映企业上年资产负债表中实收资本（或股本）、资本公积、盈余公积、未分配利润的年末余额。

（2）"会计政策变更"和"前期差错更正"项目，分别反映企业采用追溯调整法处理的会计政策变更的累积影响金额和采用追溯重述法处理的会计差错更正的累积影响金额。

（3）"本年增减变动额"项目分别反映如下内容：

1）"综合收益总额"项目，反映企业当年实现的净利润（或净亏损）金额和其他综合收益金额，并对应列在"未分配利润"栏和"其他综合收益"栏。

2）"所有者投入和减少资本"项目，反映企业当年所有者投入的资本和减少的资本，其中："所有者投入普通股"项目，反映企业接受投资者投入形成的实收资本（或股本）和资本溢价或股本溢价，并对应列在"实收资本"栏和"资本公积"栏。"其他权益工具持有者投入资本"项目，反映企业其他权益工具持有者投入的资本金额，并对应列在"其他权益工具"栏。"股份支付计入所有者权益的金额"项目，反映企业处于等待期中的权益结算的股份支付当年计入资本公积的金额，并对应列在"资本公积"栏。

3）"利润分配"下各项目，反映当年对所有者（或股东）分配的利润（或股利）金额和按照规定提取的盈余公积金额，并对应列在"未分配利润"和"盈余公积"栏。其中："提取盈余公积"项目，反映企业按照规定提取的盈余公积。"对所有者（或股东）的分配"项目，反映对所有者（或股东）分配的利润（或股利）金额。

4）"所有者权益内部结转"下各项目，包括资本公积转增资本（或股本）、盈余公积转增资本（或股本）、盈余公积弥补亏损等项金额。其中："资本公积转增资本（或股本）"项目，反映企业以资本公积转增资本或股本的金额。"盈余公积转增资本（或股本）"项目，反映企业以盈余公积转增资本或股本的金额。"盈余公积弥补亏损"项目，反映企业以盈余公积弥补亏损的金额。

五、附注的编制方法

附注是对在资产负债表、利润表、现金流量表和所有者权益变动表等报表中列示项目的文字描述或明细资料，以及对未能在这些报表中列示项目的说明等。本准则对附注的披露要求是对企业附注披露的最低要求，应当适用于所有类型的企业，企业还应当按照各项会计准则的规定在附注中披露相关信息。

▶▶▶ （一）附注披露的总体要求

附注相关信息应当与资产负债表、利润表、现金流量表和所有者权益变动表等报表中列示的项目相互参照，以有助于使用者联系相关联的信息，并由此从整体上更好地理解财务报表。企业在披露附注信息时，应当以定量、定性信息相结合，按照一定的结构对附注信息进行系统合理的排列和分类，以便于使用者理解和掌握。

▶▶▶ （二）附注披露的主要内容

附注一般应当按照下列顺序至少披露有关内容，具体包括：

➤ 1. 企业的基本情况

（1）企业注册地、组织形式和总部地址。

（2）企业的业务性质和主要经营活动，如企业所处的行业、所提供的主要产品或服务、客户的性质、销售策略、监管环境的性质等。

（3）母公司以及集团最终母公司的名称。

（4）财务报告的批准报出者和财务报告批准报出日。如果企业已在财务报表其他部分披露了财务报告的批准报出者和批准报出日信息，则无须重复披露；或者已有相关人员签字批准报出财务报告，可以其签名及其签字日期为准。

（5）营业期限有限的企业，还应当披露有关其营业期限的信息。

➤ 2. 财务报表的编制基础

企业应当根据《企业会计准则》的规定判断企业是否持续经营，并披露财务报表是否以持续经营为基础编制。

➤ 3. 遵循《企业会计准则》的声明

企业应当声明编制的财务报表符合《企业会计准则》的要求，真实、完整地反映了企业的财务状况、经营成果和现金流量等有关信息，以此明确企业编制财务报表所依据的制度基础。如果企业编制的财务报表只是部分地遵循了《企业会计准则》，附注中不得做出这种表述。

➤ 4. 重要会计政策和会计估计

（1）重要会计政策的说明。企业应当披露采用的重要会计政策，并结合企业的具体实际披露其重要会计政策的确定依据和财务报表项目的计量基础。其中，会计政策的确定依据主要是指企业在运用会计政策过程中所做的重要判断，这些判断对在报表中确认的项目金额具有重要影响。比如，企业如何判断持有的金融资产是持有至到期的投资而不是交易性投资，企业如何判断与租赁资产相关的所有风险和报酬已转移给企业从而符合融资租赁的标准，投资性房地产的判断标准是什么等。财务报表项目的计量基础包括历史成本、重置成本、可变现净值、现值和公允价值等会计计量属性，比如存货是按成本计量还是按可变现净值计量等。

（2）重要会计估计的说明。企业应当披露重要会计估计，并结合企业的具体实际披露其会计估计所采用的关键假设和不确定因素。重要会计估计的说明，包括可能导致下一个会计期间内资产、负债账面价值重大调整的会计估计的确定依据等。例如，固定资产可收回金额的计算需要根据其公允价值减去处置费用后的净额与预计未来现金流量的现值两者之间的较高者确定，在计算资产预计未来现金流量的现值时需要对未来现金流量进行预测，并选择适当的折现率。企业应当在附注中披露未来现金流量预测所采用的假设及其依据、所选择的折现率为什么是合理的等。又如，对于正在进行中的诉讼提取准备，企业应当披露最佳估计数的确定依据等。

➤ **5．会计政策和会计估计变更以及差错更正的说明**

企业应当按照《企业会计准则第 28 号——会计政策、会计估计变更和差错更正》的规定，披露会计政策和会计估计变更以及差错更正的情况。

➤ **6．报表重要项目的说明**

企业应当按照资产负债表、利润表、现金流量表、所有者权益变动表及其项目列示的顺序，采用文字和数字描述相结合的方式披露报表重要项目的说明。报表重要项目的明细金额合计，应当与报表项目金额相衔接。

第三章

企业涉及的相关税项

第一节

主要税种及税率

构成一个税种的要素有征税对象、纳税人、税目、税率、纳税环节、纳税期限、缴纳方法、减税、免税及违章处理等。不同的征税对象和纳税人是一个税种区别于另一个税种的主要标志，也往往是税种名称的由来。同时，每个税种都有其特定的功能和作用，其存在依赖于一定的客观经济条件。目前我国税收分为商品（货物）和劳务税类、所得税类、资源和环境保护税类、财产和行为税类、特定目的税类五大类。

我国现行税收实体法体系表，如表 3 - 1 所示。

表 3 - 1　税收实体法体系表

税种分类	税种名称	作用
商品（货物）和劳务税类	增值税	主要在生产、流通或服务业中发挥调节作用
	消费税	
	关税	
资源税和环境保护税类	资源税	主要调节因开发和利用自然资源差异而形成的级差收入
	环境保护税	
	城镇土地使用税	
所得税类	企业所得税	主要调节生产经营者的利润和个人的纯收入
	个人所得税	
	土地增值税	
特定目的税类	城市维护建设税	主要是为达到特定目的，调节特定对象和特定行为
	车辆购置税	
	耕地占用税	
	烟叶税	
	船舶吨税	
财产和行为税类	房产税	主要是对某些财产和行为发挥调节作用
	车船税	
	印花税	
	契税	

一、增值税

　　增值税是以商品和劳务在流转过程中产生的增值额作为征税对象而征收的一种流转税。

　　（1）增值税税率表，如表 3 - 2 所示。

表 3 - 2　增值税税率表

增值税税率	具体规定
基本税率 13%	（1）销售货物或者进口货物（除适用低税率和零税率外）。 （2）提供加工、修理修配劳务（以下称应税劳务）。 （3）有形动产租赁服务。 【提示】有形动产租赁，包括有形动产融资租赁和有形动产经营性租赁。 水路运输的光租业务和航空运输的干租业务，属于有形动产经营性租赁。
9% 税率	（1）粮食（不含淀粉）、食用植物油（含花椒油、橄榄油、核桃油、杏仁油、葡萄籽油和牡丹籽油；不含环氧大豆油、氢化植物油、肉桂油、桉油、香茅油）、鲜奶（含按规定标准生产的巴氏杀菌乳、灭菌乳，不含调制乳）。 （2）自来水、暖气、冷气、热水、煤气、石油液化气、天然气、二甲醚、沼气、居民用煤炭制品。

续表

增值税税率	具体规定
	（3）图书、报纸、杂志、音像制品、电子出版物。 （4）饲料、化肥、农药、农机（含密集型烤房设备、频振式杀虫灯、自动虫情测报灯、粘虫板、农用挖掘机、养鸡设备系列、养猪设备系列产品）、农膜。 （5）国务院及其有关部门规定的其他货物：农产品（含动物骨粒、干姜、姜黄、人工合成牛胚胎；不含麦芽、复合胶、人发）。 （6）交通运输服务。 （7）邮政服务。 （8）基础电信服务。 （9）建筑服务。 （10）不动产租赁服务。 （11）销售不动产。 （12）转让土地使用权。
6%税率	（1）现代服务（租赁服务除外）。 （2）增值电信服务。 （3）金融服务。 （4）生活服务。 （5）销售无形资产（转让土地使用权除外）。
零税率	（1）除国务院另有规定外，纳税人出口货物，税率为零。 （2）财政部和国家税务总局规定的跨境应税行为，税率为零。主要包括国际运输服务；航天运输服务；向境外单位提供的完全在境外消费的下列服务：研发服务、合同能源管理服务、设计服务、广播影视节目（作品）的制作和发行服务、软件服务、电路设计及测试服务、信息系统服务、业务流程管理服务、离岸服务外包业务、转让技术。 （3）境内单位和个人以无运输工具承运方式提供的国际运输服务，由境内实际承运人适用增值税零税率；无运输工具承运业务的经营者适用增值税免税政策。

（2）增值税征收率如表3-3所示。

表3-3　增值税征收率表

增值税征收率	具体规定
法定征收率3%	（1）增值税小规模纳税人；（2）简易征收办法。 【提示1】除全面"营改增"适用5%征收率以外的纳税人选择简易计税方法。销售货物、提供应税劳务、发生应税行为，征收率均为3%。 【提示2】适用3%征收率计税的一般纳税人和小规模纳税人，其某些特殊销售项目（如销售不得抵扣且未抵扣进项税的固定资产、销售旧货）按照3%征收率减按2%征收增值税： ①小规模纳税人（除其他个人外）销售自己使用过的除固定资产以外的物品，应按3%的征收率征收增值税。 ②小规模纳税人销售自己使用过的固定资产，适用简易办法依照3%征收率减按2%征收增值税政策的，可以放弃减税，按照简易办法依照3%征收率缴纳增值税，并可由主管税务机关代开增值税专用发票。

续表

增值税征收率	具体规定
	③一般纳税人销售自己使用过的不得抵扣且未抵扣进项税的固定资产，适用简易办法依照3%征收率减按2%征收增值税政策的，可以放弃减税，按照简易办法依照3%征收率缴纳增值税，并可以开具增值税专用发票。 ④纳税人（含一般纳税人和小规模纳税人）销售旧货，按照简易办法依照3%征收率减按2%征收增值税。
特殊征收率5%	全面"营改增"过程中的特殊项目： （1）小规模纳税人销售自建或者取得的不动产。 （2）一般纳税人选择简易计税方法计税的不动产销售。 （3）房地产开发企业中的小规模纳税人，销售自行开发的房地产项目。 （4）其他个人销售其取得（不含自建）的不动产（不含其购买的住房）。 （5）一般纳税人选择简易计税方法计税的不动产经营租赁。 （6）小规模纳税人出租（经营租赁）其取得的不动产（不含个人出租住房）。 （7）其他个人出租（经营租赁）其取得的不动产（不含住房）。 （8）个人出租住房，应按照5%的征收率减按1.5%计算应纳税额。 （9）一般纳税人和小规模纳税人提供劳务派遣服务选择差额纳税的。 （10）一般纳税人2016年4月30日前签订的不动产融资租赁合同，或以2016年4月30日前取得的不动产提供的融资租赁服务，选择适用简易计税方法的。 （11）一般纳税人收取试点前开工的一级公路、二级公路、桥、闸通行费，选择适用简易计税方法的。 （12）一般纳税人提供人力资源外包服务，选择适用简易计税方法的。 （13）纳税人转让2016年4月30日前取得的土地使用权，选择适用简易计税方法的。

二、企业所得税

企业所得税是对我国境内的企业和其他取得收入的组织的生产经营所得和其他所得征收的一种直接税。

企业所得税税率表，如表3-4所示。

表3-4　企业所得税税率表

税率种类	税率	适用范围
基本税率	25%	居民企业
		在中国境内设立机构、场所的非居民企业
低税率	20%（减按10%）	在中国境内未设立机构、场所的，或者虽设立机构、场所但取得的所得与其所设机构、场所没有实际联系的非居民企业
优惠税率	减按20%	小型微利企业
	减按15%	高新技术企业和技术先进型服务企业

三、个人所得税

个人所得税是对自然人取得的应税所得征收的一种直接税。

我国个人所得税采用超额累进税率和比例税率相结合的形式。

（1）综合所得适用七级超额累进税率（适用于居民个人的工资、薪金所得，劳务报酬所得，稿酬所得和特许权使用费所得）如表 3-5 所示。

表 3-5　综合所得个人所得税税率

级数	全年应纳税所得额	税率	速算扣除数
1	不超过 36 000 元的	3%	0
2	超过 36 000 元至 144 000 元的部分	10%	2 520
3	超过 144 000 元至 300 000 元的部分	20%	16 920
4	超过 300 000 元至 420 000 元的部分	25%	31 920
5	超过 420 000 元至 660 000 元的部分	30%	52 920
6	超过 660 000 元至 960 000 元的部分	35%	85 920
7	超过 960 000 元的部分	45%	181 920

（2）经营所得适用五级超额累进税率（个体工商户的生产、经营所得和对企事业单位的承包经营、承租经营所得适用）如表 3-6 所示。

表 3-6　经营所得个人所得税税率

级数	全年应纳税所得额	税率	速算扣除数
1	不超过 30 000 元的	5%	0
2	超过 30 000 元至 90 000 元的部分	10%	1 500
3	超过 90 000 元至 300 000 元的部分	20%	10 500
4	超过 300 000 元至 500 000 元的部分	30%	40 500
5	超过 500 000 元的部分	35%	65 500

四、城市维护建设税

城市维护建设税是以纳税人实际缴纳的增值税、消费税为计税依据的一种具有附加性质的税种。

城市维护建设税税率按纳税人所在地，分别规定为：

纳税人所在地为市区，税率为 7%；纳税人所在地为县城、建制镇税率为 5%，纳税人所在地不在市区、县城、建制镇的，税率为 1%。

五、印花税

印花税是对经济活动和经济交往中书立、领受凭证行为征收的一种行为税。印花税税率如表 3－7 所示。

表 3－7　印花税税率表

序号	税目	范围	税率	纳税人	说明
1	购销合同	包括供应、预购、采购、购销、结合及协作、调剂、补偿、易货等合同	按购销金额0.3‰贴花	立合同人	
2	加工承揽合同	包括加工、定作、修缮、修理、印刷广告、测绘、测试等合同	按加工或承揽收入0.5‰贴花	立合同人	
3	建设工程勘察设计合同	包括勘察、设计合同	按收取费用0.5‰贴花	立合同人	
4	建筑安装工程承包合同	包括建筑、安装工程承包合同	按承包金额0.3‰贴花	立合同人	
5	财产租赁合同	包括租赁房屋、船舶、飞机、机动车辆、机械、器具、设备等合同	按租赁金额1‰贴花。税额不足1元，按1元贴花	立合同人	
6	货物运输合同	包括民用航空运输、铁路运输、海上运输、内河运输、公路运输和联运合同	按运输费用0.5‰贴花	立合同人	单据作为合同使用的，按合同贴花
7	仓储保管合同	包括仓储、保管合同	按仓储保管费用1‰贴花	立合同人	仓单或栈单作为合同使用的，按合同贴花
8	借款合同	银行及其他金融组织和借款人（不包括银行同业拆借）所签订的借款合同	按借款金额0.05‰贴花	立合同人	单据作为合同使用的，按合同贴花
9	财产保险合同	包括财产、责任、保证、信用等保险合同	按保险费收入1‰贴花	立合同人	单据作为合同使用的，按合同贴花
10	技术合同	包括技术开发、转让、咨询、服务等合同	按所载金额0.3‰贴花	立合同人	
11	产权转移书据	包括财产所有权和版权、商标专用权、专利权、专有技术使用权等转移书据、土地使用权出让合同、土地使用权转让合同、商品房销售合同	按所载金额0.5‰贴花	立据人	
12	营业账簿	生产、经营用账册	记载资金的账簿，按实收资本和资本公积的合计金额0.5‰贴花。其他账簿按件贴花5元	立账簿人	自2018年5月1日起，对按万分之五税率贴花的资金账簿减半征收印花税，对按件贴花5元的其他账簿免征印花税

续表

序号	税目	范围	税率	纳税人	说明
13	权利、许可证照	包括政府部门发给的房屋产权证、工商营业执照、商标注册证、专利证、土地使用证	按件贴花 5 元/件	领受人	

第二节

重要税收优惠与政策

财政部 税务总局关于对营业账簿减免印花税的通知
财税〔2018〕50 号

各省、自治区、直辖市、计划单列市财政厅（局）、国家税务局、地方税务局、新疆生产建设兵团财政局：

为减轻企业负担，鼓励投资创业，现就减免营业账簿印花税有关事项通知如下：

自 2018 年 5 月 1 日起，对按万分之五税率贴花的资金账簿减半征收印花税，对按件贴花五元的其他账簿免征印花税。

国家税务总局关于设备、器具扣除有关企业所得税政策执行问题的公告
（国家税务总局公告 2018 年第 46 号）

根据《中华人民共和国企业所得税法》及其实施条例（以下简称企业所得税法及其实施条例）、《财政部税务总局关于设备器具扣除有关企业所得税政策的通知》（财税〔2018〕54 号）规定，现就设备、器具扣除有关企业所得税政策执行问题公告如下：

一、企业在 2018 年 1 月 1 日至 2020 年 12 月 31 日期间新购进的设备、器具，单位价值不超过 500 万元的，允许一次性计入当期成本费用在计算应纳税所得额时扣除，不再分年度计算折旧（以下简称一次性税前扣除政策）。

（一）所称设备、器具，是指除房屋、建筑物以外的固定资产（以下简称固定资产）；所称购进，包括以货币形式购进或自行建造，其中以货币形式购进的固定资产包括购进的使用过的固定资产；以货币形式购进的固定资产，以购买价款和支付的相关税费以及直接归属于使该资产达到预定用途发生的其他支出确定单位价值，自行建造的固定资产，以竣工结算前发生的支出确定单位价值。

（二）固定资产购进时点按以下原则确认：以货币形式购进的固定资产，除采取分期付款或赊销方式购进外，按发票开具时间确认；以分期付款或赊销方式购进的固定资产，按固定资产到货时间确认；自行建造的固定资产，按竣工结算时间确认。

二、固定资产在投入使用月份的次月所属年度一次性税前扣除。

三、企业选择享受一次性税前扣除政策的，其资产的税务处理可与会计处理不一致。

四、企业根据自身生产经营核算需要，可自行选择享受一次性税前扣除政策。未选择享受一次性税前扣除政策的，以后年度不得再变更。

五、企业按照《国家税务总局关于发布修订后的〈企业所得税优惠政策事项办理办法〉的公告》（国家税务总局公告 2018 年第 23 号）的规定办理享受政策的相关手续，主要留存备查资料如下：

（一）有关固定资产购进时点的资料（如以货币形式购进固定资产的发票，以分期付款或赊销方式购进固定资产的到货时间说明，自行建造固定资产的竣工决算情况说明等）；

（二）固定资产记账凭证；

（三）核算有关资产税务处理与会计处理差异的台账。

六、单位价值超过 500 万元的固定资产，仍按照企业所得税法及其实施条例、《财政部国家税务总局关于完善固定资产加速折旧企业所得税政策的通知》（财税〔2014〕75 号）、《财政部国家税务总局关于进一步完善固定资产加速折旧企业所得税政策的通知》（财税〔2015〕106 号）、《国家税务总局关于固定资产加速折旧税收政策有关问题的公告》（国家税务总局公告 2014 年第 64 号）、《国家税务总局关于进一步完善固定资产加速折旧企业所得税政策有关问题的公告》（国家税务总局公告 2015 年第 68 号）等相关规定执行。

关于 2018 年第四季度个人所得税减除费用和税率适用问题的通知（部分）
财税〔2018〕98 号

各省、自治区、直辖市、计划单列市财政厅（局）、国家税务总局、地方税务局、新疆生产建设兵团财政局：

根据第十三届全国人大常委会第五次会议审议通过的《全国人民代表大会常务委员会关于修改〈中华人民共和国个人所得税法〉的决定》，现就 2018 年第四季度纳税人适用个人所得税减除费用和税率有关问题通知如下：

一、关于工资、薪金所得适用减除费用和税率问题

对纳税人在 2018 年 10 月 1 日（含）后实际取得的工资、薪金所得，减除费用统一按照 5 000 元/月执行，并按照本通知所附个人所得税税率表一综合计算应纳税额。对纳税人在 2018 年 9 月 30 日（含）前实际取得的工资、薪金所得，减除费用按照税法修改前规定执行。

二、关于个体工商户业主、个人独资企业和合伙企业自然人投资者、企事业单位承包承租经营者的生产经营所得计税方法问题

（一）对个体工商户业主、个人独资企业和合伙企业自然人投资者、企事业单位承包承租经营者 2018 年第四季度取得的生产经营所得，减除费用按照 5 000 元/月执行，前三季度减除费用按照 3 500 元/月执行。

（二）对个体工商户业主、个人独资企业和合伙企业自然人投资者、企事业单位承包承租经营者 2018 年取得的生产经营所得，用全年应纳税所得额分别计算应纳前三季度税额和应纳第四季度税额，其中应纳前三季度税额按照税法修改前规定的税率和前三季度实

际经营月份的权重计算，应纳第四季度税额按照本通知所附个人所得税税率表二（以下称税法修改后规定的税率）和第四季度实际经营月份的权重计算。

国家税务总局关于实施小型微利企业普惠性所得税减免政策有关问题的公告
（国家税务总局公告 2019 年第 2 号）

各省、自治区、直辖市、计划单列市财政厅（局）、国家税务总局、地方税务局、新疆生产建设兵团财政局：

根据《中华人民共和国企业所得税法》及其实施条例、《财政部税务总局关于实施小微企业普惠性税收减免政策的通知》（财税〔2019〕13 号，以下简称《通知》）等规定，现就小型微利企业普惠性所得税减免政策有关问题公告如下：

一、自 2019 年 1 月 1 日至 2021 年 12 月 31 日，对小型微利企业年应纳税所得额不超过 100 万元的部分，减按 25% 计入应纳税所得额，按 20% 的税率缴纳企业所得税；对年应纳税所得额超过 100 万元但不超过 300 万元的部分，减按 50% 计入应纳税所得额，按 20% 的税率缴纳企业所得税。

小型微利企业无论按查账征收方式或核定征收方式缴纳企业所得税，均可享受上述优惠政策。

二、本公告所称小型微利企业是指从事国家非限制和禁止行业，且同时符合年度应纳税所得额不超过 300 万元、从业人数不超过 300 人、资产总额不超过 5 000 万元等三个条件的企业。

三、小型微利企业所得税统一实行按季度预缴。

预缴企业所得税时，小型微利企业的资产总额、从业人数、年度应纳税所得额指标，暂按当年度截至本期申报所属期末的情况进行判断。其中，资产总额、从业人数指标比照《通知》第二条中"全年季度平均值"的计算公式，计算截至本期申报所属期末的季度平均值；年度应纳税所得额指标暂按截至本期申报所属期末不超过 300 万元的标准判断。

四、原不符合小型微利企业条件的企业，在年度中间预缴企业所得税时，按本公告第三条规定判断符合小型微利企业条件的，应按照截至本期申报所属期末累计情况计算享受小型微利企业所得税减免政策。当年度此前期间因不符合小型微利企业条件而多预缴的企业所得税税款，可在以后季度应预缴的企业所得税税款中抵减。

按月度预缴企业所得税的企业，在当年度 4 月、7 月、10 月预缴申报时，如果按照本公告第三条规定判断符合小型微利企业条件的，下一个预缴申报期起调整为按季度预缴申报，一经调整，当年度内不再变更。

五、小型微利企业在预缴和汇算清缴企业所得税时，通过填写纳税申报表相关内容，即可享受小型微利企业所得税减免政策。

六、实行核定应纳所得税额征收的企业，根据小型微利企业所得税减免政策规定需要调减定额的，由主管税务机关按照程序调整，并及时将调整情况告知企业。

七、企业预缴企业所得税时已享受小型微利企业所得税减免政策，汇算清缴企业所得税时不符合《通知》第二条规定的，应当按照规定补缴企业所得税税款。

八、《国家税务总局关于贯彻落实进一步扩大小型微利企业所得税优惠政策范围有关征管问题的公告》（国家税务总局公告 2018 年第 40 号）在 2018 年度企业所得税汇算清缴结束后废止。

下篇　中级会计实训操作

第四章

企业概况

实训目的

通过学习，使学生熟悉企业基本情况，了解企业经济活动类型，为整个实训工作做好准备。

实训内容

企业基本情况、企业组织机构、企业适用的财务制度和内部会计核算办法、企业相关税项、企业供应商信息、企业客户信息、企业上月末有关报表资料、企业会计科目设置、企业产品工艺简介。

实训方法

（1）线下专业实训室进行现代学徒制实训指导。

（2）按岗位角色分组进行训练。

实训要求

（1）进行实训操作时，每位实训者必须清楚实训目的、要求，按照目的及层次的不同，做好复习、预习，准备好相关实训资料。

（2）实训操作时，采用企业财会部门实际使用的会计凭证、账簿及有关结算单据，从实战出发，严肃认真地进行实训操作，做好实训记录。

（3）立足手工操作，实训操作者要按规定的要求书写文字、数字，填写有关凭证，登记账簿。

（4）依据提供的会计资料，以科目汇总表账务处理程序进行操作练习，加深对账务处理程序的理解。

（5）加强实训操作过程中会计资料的整理、保管。

实训注意事项

（1）实训前要认真阅读实训资料，了解实训项目的内容和基本理论知识。

（2）实训前预习与实训项目相关的理论知识。

一、企业背景

企业名称：天津滨海石化有限公司

经济类型：有限公司

企业地址：天津临港经济区渤海十三路 145 号

法人代表：冯承

注册资金：100 000 万元人民币

经营范围：氨、甲醇、乙酸、异丁醇、异丁醛、丁醇、硫酸、甲醛、丁醛、辛醇、聚甲醛、小苏打、纯碱、氯化铵的制造；普通货运；自有厂房租赁；设备租赁（汽车除外）；仓储（危险品除外）；经营本企业自产产品的出口业务和本企业所需的机械设备、零配件、原辅材料的进出口业务（国家限定公司经营或禁止进出口的商品及技术除外）；化工技术咨询（不含中介）。（以上经营范围涉及行业许可的凭许可证件，在有效期内经营，国家有专项专营规定的按规定办理）

注册时间：20××年 1 月 1 日

税务机关：国家税务总局天津市滨海新区税务局

纳税人识别号：91120116556509482B

基本存款银行：中国建设银行股份有限公司天津临港工业区分行

银行账号：2269001000875430

天津滨海石化有限公司创立于20××年，是一家拥有自主知识产权核心技术的高科技企业，专注于化工产品的技术研发、生产和经营。

企业全面贯彻党的十九大精神和中央经济工作会议的决策部署，在立足于将园区煤化工做稳、盐化工做精、石油化工做强的同时，向产业高端发展转型、向拥有自主核心技术转型、向资源能源领域转型，坚持技术创新与资源掌控双轮驱动，积极拓展延伸"专、精、特、新"产业发展方向，通过实施"化工为主、相关多元"的发展战略，实现"经济总量翻倍，财务状况根本改变"的目标。

充分利用企业拥有的蒸汽及合成气优势，掌控资源，更好地为临港经济区服务；对现有装置进行优化升级，提升企业的经济运行效率，改善园区现状；通过合成气及公用工程的优化，建设高附加值的下游装置，为企业培育新的经济增长点；致力于减少园区碳排放，结合节能减排及环保项目的实施，为园区绿色可持续发展奠定基础；充分发挥公司科技平台作用，加大科技创新力度，为企业解决生产瓶颈，为公司转型发展提供技术支撑。

二、企业组织结构

企业组织结构图，如图 4-1 所示。

图 4-1　企业组织结构图

三、企业适用的财务会计制度及内部会计核算办法

▶▶▶ （一）企业适用的财务会计制度

本公司企业会计制度是依据《企业会计准则》等相关财经法规制定的。

▶▶▶ （二）存货

➢ 1. 存货的分类

存货是指本公司在日常活动中持有以备出售的产成品或商品、处在生产过程中的在产品、在生产过程或提供劳务过程中耗用的材料和物料等，主要包括原材料、在产品、产成品等。

➢ 2. 原材料采用计划成本计价核算

原材料采用计划成本时，原材料的收发及结存，无论总分类核算还是明细分类核算，均按照计划成本计价，期末通过"材料成本差异"调整为实际成本。

➢ 3. 发出存货的计价方法

存货发出时，采取加权平均法确定其发出的实际成本。

➢ 4. 存货的盘存制度

本公司的存货盘存制度为永续盘存制。

➢ 5. 低值易耗品和包装物的摊销方法

低值易耗品和包装物采用一次转销法摊销。

▶▶▶ （三）固定资产

➢ 1. 固定资产确认条件

固定资产以实际发生的金额计价。

➤ **2. 固定资产的分类和折旧方法**

本公司固定资产主要分为：房屋建筑物、机器设备、运输设备、其他设备。折旧方法采用年限平均法。根据各类固定资产的性质和使用情况，确定固定资产的使用寿命和预计净残值，并在年度终了对固定资产的使用寿命、预计净残值和折旧方法进行复核，如与原先估计数存在差异，则进行相应的调整。除已提足折旧仍继续使用的固定资产和单独计价入账的土地之外，本公司对所有固定资产计提折旧。本公司固定资产折旧核算方法表，如表4-1所示。

表4-1　固定资产折旧核算方法表

资产类别	预计使用寿命（年）	预计净残值率（%）	年折旧率（%）
房屋建筑物	10～70	4	1.37～9.60
机器设备	3～30	4	3.20～32.00
运输设备	8～10	4	9.60～12.00
其他设备	3～20	4	4.80～32.00

▶▶▶ **（四）投资性房地产**

本公司投资性房地产主要指出租的建筑物。投资性房地产按照成本进行初始计量，采用公允价值模式进行后续计量。

本公司不对投资性房地产计提折旧或进行摊销，在资产负债表日以投资性房地产的公允价值为基础调整其账面价值，公允价值与原账面价值之间的差额计入当期损益。

确定投资性房地产的公允价值时，参照活跃市场上同类或类似房地产的现行市场价格；无法取得同类或类似房地产的现行市场价格的，参照活跃市场上同类或类似房地产的最近交易价格，并考虑交易情况、交易日期、所在区域等因素，从而对投资性房地产的公允价值做出合理的估计；或基于预计未来获得的租金收益和有关现金流量的现值确定其公允价值。

▶▶▶ **（五）无形资产**

➤ **1. 无形资产的计价方法**

本公司无形资产按照成本进行初始计量。

➤ **2. 无形资产的后续计量**

本公司无形资产后续计量方法分别为：使用寿命有限无形资产采用直线法摊销，并在年度终了，对无形资产的使用寿命和摊销方法进行复核，如与原先估计数存在差异的，进行相应的调整；使用寿命不确定的无形资产不摊销，但在年度终了，对使用寿命进行复核，当有确凿证据表明其使用寿命是有限的，则估计其使用寿命，按直线法进行摊销。

▶▶▶ **（六）长期待摊费用**

本公司长期待摊费用是指已经支出，但受益期限在一年以上（不含一年）的各项费用。长期待摊费用按费用项目的受益期限分期摊销。若长期待摊的费用项目不能使以后会计期间受益，则将尚未摊销的该项目的摊余价值全部转入当期损益。

▶▶▶ （七）职工薪酬

本公司按照每位员工去年平均工资作为社保缴纳基数缴纳五险一金，员工的社保费和住房公积金在其工资中扣除，公司代为缴交；个人所得税免征额是 5 000 元，使用超额累进税率的计算方法计算个人所得税，由公司在工资中扣除代为缴交。五险一金计提表如表 4-2 所示。

表 4-2 五险一金计提表

险种	公司缴纳比例（%）	个人缴纳比例（%）	合计比例（%）
养老保险	19.00	8.00	27.00
医疗保险	11.00	2.00	13.00
失业保险	1.00	0.50	1.50
生育保险	0.50	0.00	0.50
工伤保险	0.50	0.00	0.50
住房公积金	11.00	11.00	22.00

▶▶▶ （八）借款费用

➤ 1. 借款费用资本化的确认原则

本公司发生的借款费用，可直接归属于符合资本化条件的资产的购建或者生产的，予以资本化，计入相关资产成本；其他借款费用，在发生时根据其发生额确认为费用，计入当期损益。

➤ 2. 资本化金额计算方法

借入专门借款，按照专门借款当期实际发生的利息费用，减去将尚未动用的借款资金存入银行取得的利息收入或进行暂时性投资取得的投资收益后的金额确定；占用一般借款按照累计资产支出超过专门借款部分的资产支出加权平均数乘以所占用一般借款的资本化率计算确定，资本化率为一般借款的加权平均利率；借款存在折价或溢价的，按照实际利率法确定每一会计期间应摊销的折价或溢价金额，调整每期利息金额。

▶▶▶ （九）收入

本公司收入主要包括销售商品收入和投资性房地产租金收入，销售商品收入分为内销收入和外销收入。

▶▶▶ （十）企业所得税

本公司企业所得税分季预缴，自季度终了之日起十五日内，无论盈利或亏损，都应向税务机关报送预缴企业所得税纳税申报表，预缴税款；自年度终了之日起五个月内，向税务机关报送年度企业所得税纳税申报表，并汇算清缴，结清应缴、应退税款。

本公司年末对于因会计准则的相关规定与现行税法的规定不一致而形成的账面价值与计税基础之间的暂时性差异计提递延所得税资产和递延所得税负债。

▶▶▶ （十一）资产减值

本公司计提资产减值准备的范围包括存货跌价准备、坏账准备、固定资产减值准备和无形资产减值准备共四项。在资产负债表日有客观证据表明其发生了减值的，本公司根据其账面价值与预计未来现金流量现值之间的差额确认减值损失。公司的应收账款、其他应收款的期末余额是计提坏账准备的计提基数，统称为应收款项。公司的应收款项按表4-3所列账龄分析的比例采用期末余额百分比法计提坏账准备。

表4-3　账龄分析表

年限	计提比例（%）
一年以内	0.50
一年以上至两年以内	1.00
两年以上至三年以内	5.00
三年以上	10.00

▶▶▶ （十二）金融工具

本公司金融工具初始确认按公允价值计量。后续计量分类为：以公允价值计量且其变动计入当期损益的金融资产、可供出售金融资产及以公允价值计量且其变动计入当期损益的金融负债按公允价值计量，可供出售金融资产的公允价值变动计入其他综合收益。

本公司对金融工具的公允价值的确认方法是以活跃市场中的报价确定其公允价值。

▶▶▶ （十三）外币业务折算及外币财务报表折算

➤ 1. 外币业务折算

本公司对发生的外币交易，采用与交易发生日折合本位币入账。资产负债表日外币货币性项目按资产负债表日即期汇率折算，因该日的即期汇率与初始确认时或者前一资产负债表日即期汇率不同而产生的汇兑差额，除符合资本化条件的外币专门借款的汇兑差额在资本化期间予以资本化计入相关资产的成本外，均计入当期损益。以历史成本计量的外币非货币性项目，仍采用交易发生日的即期汇率折算，不改变其记账本位币金额。以公允价值计量的外币非货币性项目，采用公允价值确定日的即期汇率折算，折算后的记账本位币金额与原记账本位币金额的差额，作为公允价值变动（含汇率变动）处理，计入当期损益或确认为其他综合收益。

➤ 2. 外币财务报表折算

本公司的资产负债表中的资产和负债项目，采用资产负债表日的即期汇率折算，所有者权益项目除"未分配利润"项目外，其他项目采用发生时的即期汇率折算。利润表中的收入和费用项目，采用交易发生日的即期汇率折算。折算产生的外币财务报表折算差额，在资产负债表中所有者权益项目其他综合收益下列示。

▶▶▶ （十四）在建工程

本公司在建工程分为自营方式建造和出包方式建造两种。在建工程在工程完工达到预定可使用状态时，结转固定资产。

▶▶▶ （十五）专项储备

本公司每月末按当月收入的0.3%计提专项储备。

四、企业相关税项

▶▶▶ 「（一）主要税种及税率」

本公司涉及的主要税种及税率如表4-4所示。

表4-4　主要税种及税率表

税种	税率	基本计算公式	交税方式
增值税	13%	销项税额－进项税额－减免税额	每月缴纳
企业所得税	15%	应纳税所得额×15%	季度预缴，年度汇算清缴
个人所得税	7级	应纳税所得额×税率－速算扣除数	每月缴纳
城市维护建设税	7%	应交增值税×7%	每月缴纳
教育费附加	3%	应交增值税×3%	每月缴纳
地方教育附加	2%	应交增值税×2%	每月缴纳
防洪费	1%	应交增值税×1%	每月缴纳
印花税（购销合同）	0.03%	购销合同金额×0.03%	每月缴纳

▶▶▶ 「（二）重要税收优惠及批文」

➤ 1.增值税

本公司出口产品按照"免、抵、退"方法享受税收优惠政策。

➤ 2.企业所得税

2016年度本公司被认定为高新技术企业，根据《中华人民共和国企业所得税法》的有关规定，取得了由天津市科学技术委员会、天津市财政局、天津市国家税务局、天津市地方税务局联合颁发的《高新技术企业证书》，证书编号GR201612000000，2016年度、2017年度和2018年度企业所得税适用税率为15%。

五、企业供应商信息

本公司企业供应商信息如表4-5所示。

表4-5　企业供应商信息表

企业名称	税号	类型	纳税类型	行业
壳牌华北石油集团有限公司	91120101228654707D	有限责任公司	一般纳税人	工业
北京京东世纪信息技术有限公司	91110108194608461R	有限责任公司	一般纳税人	软件和信息技术服务业
上海趣源纺织有限公司	913101041284078115	有限责任公司	一般纳税人	工业
天津利达后勤服务有限公司	91120111MA05LMP46H	有限责任公司	一般纳税人	服务业
上海都市假日大酒店管理有限公司	913101011358475H23	有限责任公司	一般纳税人	住宿餐饮业
天津第六建筑工程有限公司	91120101103071930K	有限责任公司	一般纳税人	建筑业

续表

企业名称	税号	类型	纳税类型	行业
天津中天餐饮发展有限公司	911201170000022222	有限责任公司	一般纳税人	住宿餐饮业
天津中山培训有限公司	91120101688813498K	有限责任公司	一般纳税人	教育培训业
北京东源展览有限公司	91110229633600654U	有限责任公司	小规模	广告、会展服务业
北京神州科技开发有限公司	91110108035692100O	国有企业	一般纳税人	工业
天津扬帆文化传播有限公司	91120116300384200O	有限责任公司	一般纳税人	文化娱乐业
北京三和精密铸造有限公司	91110108802046868F	有限责任公司	一般纳税人	工业
天津岛津液压系统有限公司	91120116322178800O	有限责任公司	一般纳税人	工业
TECNOS FABRIC INDUSTRIAE COME（美国）				
天津市合成化工有限公司	91120116239295338W	有限责任公司	一般纳税人	工业
天津海河中学	911201032584689756	国有企业	一般纳税人	教育培训业
天津市社会保险基金管理中心				行政事业单位会计
北京浩天科技开发有限公司	911101080356921101	国有企业	一般纳税人	工业
天津瑞泰咨询有限公司	91120222MA0534611Y	有限责任公司	小规模	鉴证咨询服务业
中国建设银行股份有限公司天津分行	911201030316206512	国有企业	一般纳税人	金融业
天津市住房公积金管理中心				行政事业单位会计
天津嘀嘀运营有限公司	911201015590144187	有限责任公司	小规模	服务业
天津兴旺汽车维修有限公司	911201106007485371	有限责任公司	一般纳税人	服务业

六、企业客户信息

本公司企业客户信息如表 4-6 所示。

表 4-6　企业客户信息表

企业名称	税号	类型	纳税类型	行业
天津市合成化工有限公司	91120116239295338W	有限责任公司	一般纳税人	工业
天津市石联化工股份有限公司	911201160115029451	有限责任公司	一般纳税人	工业
天津沈河化工厂	91120101103442589H	有限责任公司	一般纳税人	工业
北京京东世纪信息技术有限公司	91110108194608461R	有限责任公司	一般纳税人	软件和信息技术服务业
上海趣源纺织有限公司	913310041284078115	有限责任公司	一般纳税人	工业
天津第六建筑工程有限公司	91120101103071930K	有限责任公司	一般纳税人	建筑业
天津利达后勤服务有限公司	91120111MA05LMP46H	有限责任公司	一般纳税人	现代服务业
北京东源展览有限公司	91110229633600654U	有限责任公司	小规模	广告、会展服务业

续表

企业名称	税号	类型	纳税类型	行业
天津扬帆文化传播有限公司	911201163003842536	有限责任公司	一般纳税人	文化娱乐业
天津中天餐饮发展有限公司	911201170000022222	有限责任公司	一般纳税人	住宿餐饮业
北京浩天科技开发有限公司	911101080356921101	国有企业	一般纳税人	工业
北京幸福创投资管理有限公司	91120118MA000Y0CEB	有限责任公司	一般纳税人	租赁服务业
TECNOS FABRIC INDUS-TRIAE COME（美国）				
壳牌华北石油集团有限公司	91120101228654707D	有限责任公司	一般纳税人	工业
天津海河中学	911201032584689756	国有企业	一般纳税人	教育培训业
天津市社会保险基金管理中心				行政事业单位会计
天津瑞泰咨询有限公司	91120222MA0534611Y	有限责任公司	小规模	鉴证咨询服务业
中国建设银行股份有限公司天津分行	911201030316206512	国有企业	一般纳税人	金融业
天津市住房公积金管理中心				行政事业单位会计

七、企业上月末有关报表资料

　　企业上月末资产负债表如表 4-7 所示。企业财务报表按财政部《关于修订印刷 2019 年度一般企业财务报表格式的通知》财会〔2019〕6 号文件中附件 1：一般企业财务报表格式（适用于未执行新金融准则、新收入准则和新租赁准则的企业）编制。

表 4-7　资产负债表

会企 01 表

编制单位：天津滨海石化有限公司　　　　20×× 年 11 月 30 日　　　　　　单位：元

资产	期末余额	负债和所有者权益（或股东权益）	期末余额
流动资产		流动负债	
货币资金	772 458 972.69	短期借款	40 300 000.00
交易性金融资产		交易性金融负债	
衍生金融资产		衍生金融负债	
应收票据	59 175 750.24	应付票据	100 000 000.00
应收账款	215 130 180.50	应付账款	1 973 028 721.05
应收款项融资		预收款项	
预付款项	36 339 386.88	合同负债	59 309 621.87
其他应收款	473 493.70	应付职工薪酬	25 730.92
存货	124 061 212.49	应交税费	1 111 924.28
合同资产		其他应付款	278 877 774.85
持有待售资产		持有待售负债	
一年内到期的非流动资产		一年内到期的非流动负债	
其他流动资产		其他流动负债	450 000.00

续表

资　产	期末余额	负债和所有者权益（或股东权益）	期末余额
流动资产合计	1 207 638 996.50	流动负债合计	2 453 103 772.97
非流动资产		非流动负债	
债券投资		长期借款	207 060 000.00
其他债券投资		应付债券	
长期应收款		其中：优先股	
长期股权投资		永续债	
其他权益工具投资	1 000 000.00	租赁负债	
其他非流动金融资产		长期应付款	278 496 587.26
投资性房地产	134 400 000.00	预计负债	
固定资产	995 915 547.24	递延收益	
在建工程	2 311 794 460.68	递延所得税负债	
生产性生物资产		其他非流动负债	
油气资产		非流动负债合计	485 556 587.26
使用权资产		负债合计	2 938 660 360.23
无形资产	212 998 639.82	所有者权益（或股东权益）	
开发支出		实收资本（或股本）	1 000 000 000.00
商誉		其他权益工具	
长摊待摊费用	187 147 789.67	其中：优先股	
递延所得税资产	1 270 977.96	永续债	
其他非流动资产		资本公积	1 039 859 908.64
非流动资产合计	3 844 527 415.37	减：库存股	
		其他综合收益	679 320.00
		专项储备	
		盈余公积	7 317 276.40
		未分配利润	65 649 546.60
		所有者权益（或股东权益）合计	2 113 506 051.64
资产合计	5 052 166 411.87	负债和所有者权益（或股东权益）总计	5 052 166 411.87

企业上月末利润表如表 4-8 所示。

表 4-8　利润表

会企 02 表

编制单位：天津滨海石化有限公司　　　　20××年11月　　　　单位：元

项　目	本期金额	上期金额
一、营业收入	212 930 205.00	
减：营业成本	192 034 589.00	
税金及附加	1 105 587.62	
销售费用	571 498.33	
管理费用	691 542.99	
研发费用		
财务费用	1 257 986.00	

续表

项　目	本期金额	上期金额
其中：利息费用	1 288 340.00	
利息收入		
加：其他收益	25 000.00	
投资收益（损失以"－"号填列）		
其中：对联营企业和合营企业的投资收益		
以摊余成本计量的金融资产终止确认收益（损失以"－"号填列）		
净敞口套期收益（损失以"－"号填列）		
公允价值变动收益（损失以"－"号填列）	1 200 000.00	
信用减值损失（损失以"－"号填列）		
资产减值损失（损失以"－"号填列）	－1 129 386.86	
资产处置收益（损失以"－"号填列）	10 000.00	
二、营业利润（亏损以"－"号填列）	17 374 614.20	
加：营业外收入		
减：营业外支出		
三、利润总额（亏损总额以"－"号填列）	17 374 614.20	
减：所得税费用		
四、净利润（净亏损以"－"号填列）	17 374 614.20	
（一）持续经营净利润（净亏损以"－"号填列）		
（二）终止经营净利润（净亏损以"－"号填列）		
五、其他综合收益的税后净额		
（一）不能重分类进损益的其他综合收益		
1. 重新计量设定受益计划变动额		
2. 权益法下不能转损益的其他综合收益		
3. 其他权益工具投资公允价值变动		
4. 企业自身信用风险公允价值变动		
……		
（二）将重分类进损益的其他综合收益		
1. 权益法下可转损益的其他综合收益		
2. 其他债券投资公允价值表动		
3. 金融资产重分类计入其他综合收益的金额		
4. 其他债券投资信用减值准备		
5. 现金流量套期损益的有效部分		
6. 外币财务报表折算差额		
……		
六、综合收益总额	17 374 614.20	
七、每股收益：		
（一）基本每股收益		
（二）稀释每股收益		

企业上年末所有者权益变动表如表 4 - 9 所示。

编制单位：天津滨海石化有限公司

表4-9　所有者权益变动表

项　目	本年金额										
	实收资本（或股本）	其他权益工具			资本公积	减：库存股	其他综合收益	专项储备	盈余公积	未分配利润	所有者权益合计
		优先股	永续债	其他							
一、上年末余额	1 000 000 000.00	0.00	0.00	0.00	1 039 859 908.64	0.00	679 320.00	0.00	7 317 276.40	37 722 319.20	2 085 578 824.24
加：会计政策变更											
前期差错更正											
其他											
二、本年初余额	1 000 000 000.00	0.00	0.00	0.00	1 039 859 908.64	0.00	679 320.00	0.00	7 317 276.40	37 722 319.20	2 085 578 824.24
三、本年增减变动金额（减少以"-"填列）	0.00				0.00	0.00	0.00				
（一）综合收益总额											
（二）所有者投入和减少资本											
1. 所有者投入的普通股											
2. 其他权益工具持有者投入资本											
3. 股份支付计入所有者权益的金额											
4. 其他											
（三）专项储备提取和使用								0.00			
1. 提取专项储备								3 544 359.45			
2. 使用专项储备								3 544 359.45			
（四）利润分配											
1. 提取盈余公积											
2. 对所有者（或股东）的分配											
3. 其他											
（五）所有者权益内部结转											
1. 资本公积转增资本（或股本）											
2. 盈余公积转增资本（或股本）											
3. 盈余公积补亏损											
4. 设定受益计划变动额结转留存收益											
5. 其他综合收益结转留存收益											
6. 其他											
四、本年末余额	1 000 000 000.00	0.00	0.00	0.00	1 039 859 908.64	0.00	679 320.00	0.00	7 317 276.40	37 722 319.20	2 085 578 824.24

会企04表
单位：元

	上年金额									
实收资本（或股本）	其他权益工具			资本公积	减：库存股	其他综合收益	专项储备	盈余公积	未分配利润	所有者权益合计
	优先股	永续债	其他							
1 000 000 000.00	0.00	0.00	0.00	1 039 859 908.64	0.00	659 320.00	0.00	2 829 838.92	−2 664 618.08	2 040 684 449.49
1 000 000 000.00	0.00	0.00	0.00	1 039 859 908.64	0.00	659 320.00	0.00	2 829 838.92	−2 664 618.08	2 040 684 449.49
0.00	0.00	0.00	0.00	0.00	0.00	20 000.00		4 487 437.48	40 386 937.28	44 894 374.76
									44 874 374.75	
							2 544 359.40			
							2 544 359.40			
								4 487 437.48	−4 487 437.48	
								4 487 437.48	−4 487 437.48	
1 000 000 000.00	0.00	0.00	0.00	1 039 859 908.64	0.00	679 320.00	0.00	7 317 276.40	37 722 319.20	2 085 578 824.24

八、企业会计科目设置

本公司会计科目设置如表4-10所示。

表4-10 会计科目表

编号	一级会计科目	明细科目	
		明细科目	设置标准
	一、资产类		
1001	库存现金		
1002	银行存款	××户	按账户设置
1012	其他货币资金	资金类型	按资金事项
1121	应收票据	××单位	按客户名称
1122	应收账款	××单位	按客户辅助核算
1123	预付账款	××单位	按供应商辅助核算
1221	其他应收款	××单位/个人/项目	按单位/个人辅助核算
1231	坏账准备		
1403	原材料	材料类型	按材料类型设置
1405	库存商品	按生产状态设置	按商品名称设置
1411	周转材料		
1471	存货跌价准备		
1601	固定资产	设备类别	按设备类别设置
1602	累计折旧		
1603	固定资产减值准备		
1606	固定资产清理		按项目名称
1701	无形资产	资产名称	按资产名称设置
1702	累计摊销		
1703	无形资产减值准备		
1801	长期待摊费用	费用类别	按费用大类设置
1901	待处理财产损益	流动性	按流动资产、非流动资产设置
	二、负债类		
2001	短期借款	××银行	按贷款银行
2201	应付票据	××单位	按供应商名称
2202	应付账款	××单位	按供应商辅助核算
2203	预收账款	××单位	按客户名称
2211	应付职工薪酬	××薪酬	按薪酬项目
2221	应交税费	××税目	按税目
2241	其他应付款	××单位/个人	按单位/个人辅助核算
	三、所有者权益类		
4001	实收资本	××单位/个人	按单位/个人名称
4002	资本公积		按现行会计制度设置
4101	盈余公积		按现行会计制度设置

续表

编号	一级会计科目	明细科目	
		明细科目	设置标准
4103	本年利润		
4104	利润分配		按现行会计制度设置
	四、成本类		
5001	生产成本		
5101	制造费用	费用类别	按费用明细科目核算
	五、损益类		
6001	主营业务收入		按品种核算
6051	其他业务收入		
6111	投资收益		
6301	营业外收入		
6401	主营业务成本		
6402	其他业务成本		
6403	税金及附加		
6601	销售费用	费用类别	按费用明细科目核算
6602	管理费用	费用类别	按费用明细科目核算
6603	财务费用	费用类别	按费用明细科目核算
6701	资产减值损失		
6711	营业外支出		
6801	所得税费用		
6901	以前年度损益调整		

九、企业产品工艺简介

丁醇和辛醇由于可以在同一套装置中用羟基合成的方法生产，故习惯称为丁辛醇。丁辛醇为无色透明、易燃的油状液体，具有特殊的气味，能与水及多种化合物形成共沸物，均有中等毒性。丁辛醇是合成精细化工产品的重要原料，主要用于生产增塑剂、溶剂、脱水剂、消泡剂、分散剂、浮选剂、石油添加剂及合成香料等。

丁辛醇羰基合成工艺以丙烯、合成气和氢气为原料，在催化剂（铑和三苯基膦）作用下生成混合丁醛，分离出催化剂循环使用，分离出正/异丁醛经加氢生成正丁醇和异丁醇，经精馏分离得到正丁醇和异丁醇产品；正丁醛在氢氧化钠的催化作用下缩合脱水生成辛烯醛，辛烯醛加氢生产出粗辛醇，经过精馏得到产品辛醇。工艺流程如图4-2所示。

要求：了解企业背景、组织结构、相关会计制度；熟悉企业工作流程与内容、内部会计核算方法、企业相关税项、企业供应商和客户信息，以及企业上月末报表资料和科目设置等，做好期初余额的登记等工作。

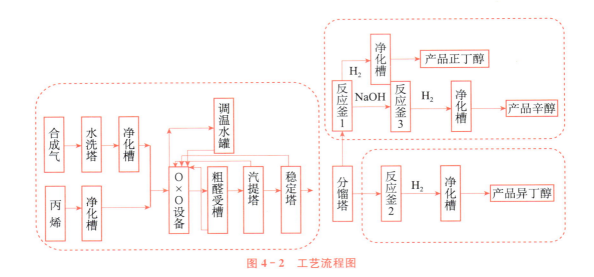

图 4－2　工艺流程图

第五章

存货核算

实训目的

通过存货核算的实训，学生能够系统地掌握各项存货会计核算的基本程序和具体方法，加深对所学专业理论知识的理解，提高实际运用能力。

实训内容

采购原材料、直接材料的归集与分配、燃料动力的归集与分配、制造费用的归集与分配、副产品的核算、产成品的核算等。

实训方法

（1）线下专业实训室进行现代学徒制实训指导。
（2）按岗位角色分组进行训练。

实训工具

通用记账凭证、账簿、报表、计算器等。

实训要求

（1）进行实训操作时，每位实训者必须清楚实训目的、

要求，做好复习、预习，准备好相关实训资料。

（2）采用企业财会部门实际使用的会计凭证、账簿及有关结算单据，从实战出发，严肃认真地进行实训操作，做好实训记录。

（3）立足手工操作，实训操作者要按规定的要求书写文字、数字，填写有关凭证，登记账簿。

（4）依据提供的会计资料，以科目汇总表账务处理程序进行操作练习，加深对账务处理程序的理解。

（5）加强实训操作过程中会计资料的整理、保管。

实训注意事项

（1）实训前要认真阅读实训资料，了解实训项目的内容和基本理论知识。
（2）实训前预习与实训项目相关的理论知识。

一、采购原材料

【经济业务 1】天津滨海石化有限公司采购部根据生产部门的需求，20××年 12 月 10 日从壳牌华北石油集团有限公司购入丙烯、精合成气和氢气三种原材料。增值税专用发票上注明：丙烯 25 000 千克，价格为 101 100 000 元；精合成气 40 000 千克，价格为 28 600 000 元；氢气 20 000 千克，价格为 14 960 000 元，合计增值税税额为 18 805 800 元，合计金额为 163 465 800 元。

票据 1：增值税专用发票如图 5-1 所示。

图 5-1　增值税专用发票

票据2：增值税专用发票如图5-2所示。

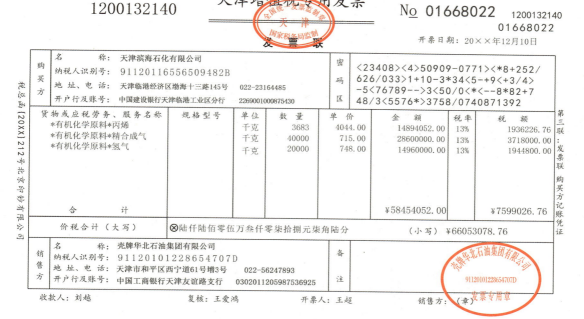

图5-2 增值税专用发票

票据3：采购单如表5-1所示。

表5-1 采购单

编制单位：天津滨海石化有限公司　　　20××年12月10日　　　　　单位：元

材料采购商	购入日期	材料名称	数量	单价	金额
壳牌华北石油集团有限公司	20××年12月10日	丙烯	25 000.00	4 044.00	101 100 000.00
壳牌华北石油集团有限公司	20××年12月10日	精合成气	40 000.00	715.00	28 600 000.00
壳牌华北石油集团有限公司	20××年12月10日	氢气	20 000.00	748.00	14 960 000.00
合计					144 660 000.00

附件1：产品购销合同。

要求：根据经济业务内容学会识别发票和采购单信息，确认原材料的初始入账成本，并根据相关票据编制会计分录。

【经济业务2】20××年12月15日，根据原材料收发存明细表，结算采购材料成本差异。仓库根据壳牌华北石油集团有限公司的发货单验收三种原材料合格后入库。丙烯、精合成气和氢气三种原材料的计划单价分别为4 045元、714元和748元。

票据1：原材料收发存明细表如表5-2所示。

表5-2　原材料收发存明细表

编制单位：天津滨海石化有限公司　　　　　　20××年12月15日　　　　　　单位：元

序号	材料名称	单位	规格	期初余额				本期借方发生				本期贷方发生		期末余额	
				数量	金额	计划成本额	成本差异额	数量	金额	计划成本额	成本差异额	数量	金额	数量	金额
001	丙烯	千克		5 000.00	20 190 600.00	20 225 000.00	-34 400.00	25 000.00	101 100 000.00	101 125 000.00	-25 000.00	29 097.30	117 640 960.39	902.70	3 649 639.61
002	精合成气	千克		6 000.00	4 244 000.00	4 284 000.00	-40 000.00	40 000.00	28 600 000.00	28 560 000.00	40 000.00	31 478.22	22 475 451.35	14 521.78	10 368 548.65
003	氢气	千克		4 000.00	3 009 280.00	2 992 000.00	17 280.00	20 000.00	14 960 000.00	14 960 000.00		15 910.93	11 912 834.64	8 089.07	6 056 445.36
004	液氨	千克		1 000.00	1 813 660.00	1 813 660.00						24.00	43 527.73	976.00	1 770 132.27
005	三苯基膦	千克		60 000.00	3 435 897.50	3 435 897.50						2 400.00	137 435.90	57 600.00	3 298 461.60
	小计				32 693 437.50	32 750 557.50	-57 120.00		144 660 000.00	144 645 000.00	15 000.00		152 210 210.01		25 143 227.49

制表：邓合　　　　　　复核：白童　　　　　　校验：白童

票据 2：入库单如表 5-3 所示。

表5-3　入库单

供货单位：壳牌华北石油集团有限公司　　　入库日期：20××年12月15日　　　　　　入库单号：001

业务类型：　　　　　　　　　　　　　　　仓库：　　　　　　　　　　　　　　　　备注：

序号	存货名称	单位	数量	单价	金额
001	丙烯	千克	25 000.00	4 045.00	101 125 000.00
002	精合成气	千克	40 000.00	714.00	28 560 000.00
003	氢气	千克	20 000.00	748.00	14 960 000.00
合　计			85 000	5 507.00	144 645 000.00

制单：陈立娟　库管：　　检验：　复核：白童　经理审核：　　供应商签字：壳牌华北石油集团有限公司

　　要求：根据经济业务内容学习编制原材料收发存明细表，确认材料成本差异，并根据相关票据编制会计分录。

二、直接材料的归集与分配

　　【经济业务 3】20××年12月31日，公司财务根据《原材料收发存明细表》的记录，确定生产车间领用原材料 152 210 198.28 元。

　　票据 1：领料单如表 5-4 所示。

表5-4　领料单

领用部门：生产车间　　　　　　　　　　　　　　　　　　　日期：20××年12月31日

领用用途：生产　　　　　　　　　　　　　　　　　　　　　备注：

领用物品编号	领用物品名称及规格	单位	数量		单价	金额
			请领	实领		
001	丙烯	千克	29 097.30	29 097.30	4 043.02	117 640 965.85
002	精合成气	千克	31 478.22	31 478.22	714.00	22 475 449.08
003	氢气	千克	15 910.93	15 910.93	748.72	11 912 831.51
004	液氮	千克	24.00	24.00	1 813.66	43 527.84
005	三苯基膦	千克	2 400.00	2 400.00	57.26	137 424.00

发出人：　　　　　　审批人：　　　　　　领用人：　　　　　　记账：陈立娟

　　票据 2：原材料收发存明细表如表 5-2 所示。

　　要求：根据经济业务内容学习编制原材料收发存明细表，确认产品直接材料成本，并根据相关票据编制会计分录。

　　【经济业务 4】20××年12月31日，结转发出材料的成本差异。公司财务根据《原材料收发存明细表》的记录结转发出材料的成本差异。

　　票据：原材料收发存明细表如表 5-2 所示。

　　要求：根据经济业务内容学习编制原材料收发存明细表，结转材料成本差异，并根据相关票据编制会计分录。

三、燃料动力费的归集与分配

【经济业务5】20××年12月31日，公司月底结算本月公用工程消耗。

票据：公用工程燃料动力费用分摊表如表5-5所示。

表5-5　公用工程燃料动力费用分摊表

编制单位：天津滨海石化有限公司　　　　　20××年12月31日　　　　　　　　　单位：元

车间名称	燃料动力消耗	计量单位	采购单价	数量	采购金额	税率	不含税金额
生产车间	水	吨	5.60	1 230 343.63	6 889 924.34		
	电	千瓦/小时	2.60	255 444.00	664 154.40		
	蒸汽	吨	225.00	41 568.60	9 352 935.00		
	氮气	40L	420.00	5 805.96	2 438 503.20		
合计					19 345 516.94		

单位负责人签章：白童　　　　　统计负责人：陈立娟　　　　　　　　填表人签章：陈立娟

要求：根据经济业务内容学习编制工程燃料动力费用分摊表，归集和分配燃料动力费，并根据相关票据编制会计分录。

四、制造费用的归集与分配

【经济业务6】20××年12月3日，生产领用配料桶合计15 000元。

票据：领料单如表5-6所示。

表5-6　领料单

领用部门：生产部门　　　　　　　　　　　　　　　　　日期：20××年12月03日
领用用途：包装　　　　　　　　　　　　　　　　　　　备注：

领用物品编号	领用物品名称及规格	单位	数量		单价	金额
			请领	实领		
005	配料桶	个	200	200	75.00	15 000.00

发出人：　　　　　　审批人：　　　　　　　领用人：　　　　　　　记账：陈立娟

要求：根据经济业务内容归集和分配制造费用，根据相关票据编制会计分录。

【经济业务7】20××年12月29日，公司预定生产用工作服和工作鞋，支付服装厂91 530元。

票据：增值税专用发票如图5-3所示。

要求：根据经济业务内容归集和分配制造费用，根据相关票据编制会计分录。

【经济业务8】20××年12月27日，公司采购劳保用品，款项未付。

票据：增值税专用发票如图5-4所示。

要求：根据经济业务内容描述归集和分配制造费用，根据相关票据编制会计分录。

北京增值税专用发票

1100143350

No 02337012 1100143350
02337012

全国统一发票监制章
北京
国家税务局监制
发票联

开票日期：20××年12月29日

购买方			
名　　　称：	天津滨海石化有限公司		
纳税人识别号：	91120116556509482B		
地　址、电话：	天津临港经济区渤海十三路145号　022-23164485		
开户行及账号：	中国建设银行天津临港工业区分行　2269001000875430		

密码区

〈23408〉〈4〉50909-0771〉〈*8+252/
626/033〉1+10-3*34〈5-+9〈+3/4
-5〈76789--〉3〈50/0〈*〈--8*82+7
48/3〈5576*〉3758/0740871392

货物或应税劳务、服务名称	规格型号	单位	数量	单价	金额	税率	税额
*服装*工装		件	100	810.00	81000.00	13%	10530.00
合　　　计					¥81000.00		¥10530.00

价税合计（大写）	⊗玖万壹仟伍佰叁拾元整	（小写）¥91530.00

销售方		
名　　　称：	北京京东世纪信息技术有限公司	备注
纳税人识别号：	91110108194608461R	
地　址、电话：	北京市海淀区信息路甲28号　010-84189460	
开户行及账号：	中国农业银行北京海淀支行　02150001051270216	

北京京东世纪信息技术有限公司
9111018194608461R
发票专用章

收款人：郑淑芬　　　复核：武鸿　　　开票人：艾雪　　　销售方：（章）

税总函[20XX]341号北京京印防伪科技有限公司

第三联：发票联　购买方记账凭证

图5-3　增值税专用发票

上海增值税专用发票

3100508743

No 02556011 3100508743
02556011

全国统一发票监制章
上海
国家税务局监制
发票联

开票日期：20××年12月27日

购买方			
名　　　称：	天津滨海石化有限公司		
纳税人识别号：	91120116556509482B		
地　址、电话：	天津临港经济区渤海十三路145号　022-23164485		
开户行及账号：	中国建设银行天津临港工业区分行　2269001000875430		

密码区

〈23408〉〈4〉50909-0771〉〈*8+252/
626/033〉1+10-3*34〈5-+9〈+3/4
-5〈76789--〉3〈50/0〈*〈--8*82+7
48/3〈5576*〉3758/0740871392

货物或应税劳务、服务名称	规格型号	单位	数量	单价	金额	税率	税额
*鞋*劳保用品		个	100	549.7443	54974.43	13%	7146.68
合　　　计					¥54974.43		¥7146.68

价税合计（大写）	⊗陆万贰仟壹佰贰拾壹元壹角壹分	（小写）¥62121.11

销售方		
名　　　称：	上海趣源纺织有限公司	备注
纳税人识别号：	91310104128407811S	
地　址、电话：	上海市徐汇区钦州南路355号　021-84265637	
开户行及账号：	中国工商银行天津大同道支行　0302011209992548338	

上海趣源纺织有限公司
91310104128407811S
发票专用章

收款人：张秀宇　　　复核：李桂芬　　　开票人：杨颖　　　销售方：（章）

税总函[20XX]157号上海东港安全印制有限公司

第三联：发票联　购买方记账凭证

图5-4　增值税专用发票

【经济业务 9】20××年 12 月 31 日，摊销本月房租，管理部门房租 5 000 元，车间房租 25 000 元，合计 30 000 元。

票据：长期待摊费用摊销表，如表 5-7 所示。

表 5-7 长期待摊费用摊销表

编制单位：天津滨海石化有限公司　　　　　20××年 12 月 31 日　　　　　　　　单位：元

费用名称	开始摊销月份	摊销期（月）	费用总额	本月摊销额	累计已摊销额	摊销余额
房租	20××年 1 月	24	720 000.00	30 000.00	330 000.00	390 000.00
合计			720 000.00	30 000.00	330 000.00	390 000.00

总经理：　　　　　　　　　　会计主管：白童　　　　　　　　　制表人：陈立娟

要求：根据经济业务内容学会编制费用摊销表，归集和分配相关费用，并根据相关票据编制会计分录。

【经济业务 10】20××年 12 月 31 日，支付本月外包洗衣费用 18 000 元（管理部门 3 000 元，车间 15 000 元）。

票据：增值税专用发票如图 5-5 所示。

图 5-5 增值税专用发票

要求：根据经济业务内容学会识别发票信息，归集和分配相关费用，并根据相关票据编制会计分录。

【经济业务 11】20××年 12 月 21 日，支付车间管理部门差旅费 17 945.34 元。

票据 1：火车票如图 5-6 所示。

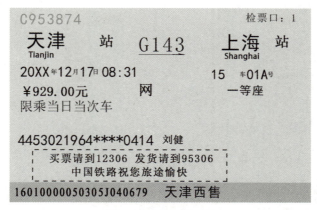

图 5 - 6　火车票（1）

票据 2：火车票如图 5 - 7 所示。

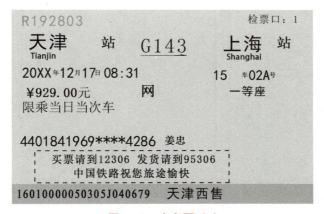

图 5 - 7　火车票（2）

票据 3：火车票如图 5 - 8 所示。

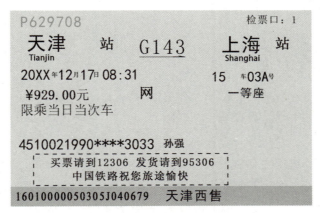

图 5 - 8　火车票（3）

票据 4：火车票如图 5－9 所示。

图 5－9　火车票（4）

票据 5：火车票如图 5－10 所示。

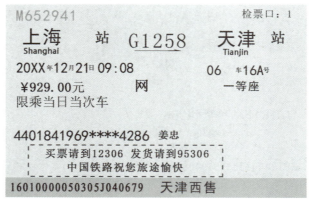

图 5－10　火车票（5）

票据 6：火车票如图 5－11 所示。

图 5－11　火车票（6）

票据 7：增值税普通发票如图 5－12 所示。

上海增值税普通发票

3100410537　　　　　　　　　　　　No 03558666　　3100410537
　　　　　　　　　　　　　　　　　　　　　　　　　　　　　03558666

开票日期：20××年12月21日

购买方	名　　　　称： 天津滨海石化有限公司						密码区	059634766</3/-3812>><9>>828 /><8+81*5<(29371-++2/-74/** *2662/4375>76</7/-16753>99< >*+9>010-/1<126182>5+984403		
	纳税人识别号： 91120116556509482B									
	地址、电话： 天津临港经济区渤海十三路145号 022-23164485									
	开户行及账号： 中国建设银行天津临港工业区分行 2269001000875430									
货物或应税劳务、服务名称	规格型号	单位	数量	单价	金额	税率	税额
*住宿服务*住宿费		天	1	4245.28	4245.28	6%	254.72
合　　　计					¥4245.28		¥254.72
价税合计（大写）	⊗肆仟伍佰元整				（小写）¥4500.00		
销售方	名　　　　称： 上海都市假日大酒店管理有限公司						备注	
	纳税人识别号： 91310101135847SH23							
	地址、电话： 上海市黄浦区中华路44号1805室 021-81535576							
	开户行及账号： 中国工商银行上海市田林路支行 62220215239425612							

收款人：郝宗正　　　　复核：穆茹　　　　开票人：刘梦然　　　　销售方：（章）

第二联：发票联 购买方记账凭证

税总函〔20XX〕57号上海东港安全印制有限公司

图 5－12　增值税普通发票

票据 8：增值税普通发票如图 5－13 所示。

上海增值税普通发票

3100243568　　　　　　　　　　　　No 03558667　　3100410537
　　　　　　　　　　　　　　　　　　　　　　　　　　　　　03558667

开票日期：20××年12月21日

购买方	名　　　　称： 天津滨海石化有限公司						密码区	*<++32>4-571-*105215**7*3+0> -4<-4505*5>801<8<8/7>-<95+-0 6>-3->+36+0*4-09662/3/-1/53< 240*673/<22*2/086-89*2399>>+		
	纳税人识别号： 91120116556509482B									
	地址、电话： 天津临港经济区渤海十三路145号 022-23164485									
	开户行及账号： 中国建设银行天津临港工业区分行 2269001000875430									
货物或应税劳务、服务名称	规格型号	单位	数量	单价	金额	税率	税额
*餐饮服务*餐饮费		次	1	7075.47	7075.47	6%	424.53
合　　　计					¥7075.47		¥424.53
价税合计（大写）	⊗柒仟伍佰元整				（小写）¥7500.00		
销售方	名　　　　称： 上海都市假日大酒店管理有限公司						备注	
	纳税人识别号： 91310101135847SH23							
	地址、电话： 上海市黄浦区中华路44号1805室 021-81535576							
	开户行及账号： 中国工商银行上海市田林路支行 62220215239425612							

收款人：郝宗正　　　　复核：穆茹　　　　开票人：刘梦然　　　　销售方：（章）

第二联：发票联 购买方记账凭证

税总函〔20XX〕57号上海东港安全印制有限公司

图 5－13　增值税普通发票

票据9：增值税普通发票如图5-14所示。

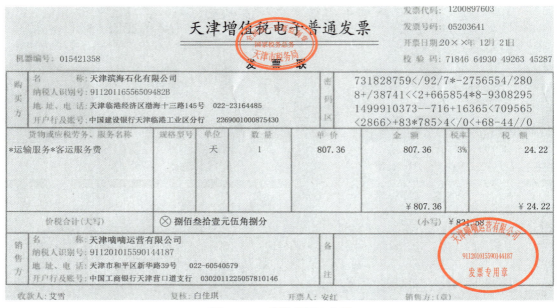

图5-14　增值税普通发票

要求：根据经济业务内容学会识别相关票据信息，归集和分配相关费用，并根据相关票据编制会计分录。

【经济业务12】本月车间改造，20××年12月21日，支付汽车修理费42 841.34元。

票据：增值税专用发票如图5-15所示。

图5-15　增值税专用发票

要求：根据经济业务内容学会识别相关票据信息，归集和分配相关费用，并根据相关票据编制会计分录。

【经济业务 13】20××年 12 月 30 日，支付本月设备维保费用 947 817.25 元。

票据：费用摊销表如表 5-8 所示。

表 5-8　费用摊销表

编制单位：天津滨海石化有限公司　　　　　20××年 12 月 30 日　　　　　　　　　单位：元

项目名称	期限	摊销总额	期初摊销额	本月摊销额	累计摊销额	期末余额
维保费	20××年 1 月—20××年 12 月	22 747 614.00	10 425 989.75	947 817.25	11 373 807.00	11 373 807.00

要求：根据经济业务内容学会编制相关费用摊销表，归集和分配相关费用，并根据相关票据编制会计分录。

【经济业务 14】20××年 12 月 8 日，支付员工体检费合计 62 500 元（管理部门费用 5 000 元，销售部门费用 10 000 元，生产车间 47 500 元）。

票据：增值税普通发票如图 5-16 所示。

图 5-16　增值税普通发票

要求：根据经济业务内容学会识别相关票据信息，归集和分配相关费用，并根据相关票据编制会计分录。

【经济业务 15】20××年 12 月 30 日，支付元旦员工聚餐费合计 47 000 元。

票据：增值税普通发票如图 5-17 所示。

要求：根据经济业务内容学会识别相关票据信息，归集和分配相关费用，并根据相关票据编制会计分录。

| 1200162350 | 天津增值税普通发票 | No 01338123 | 1200162350 |
| | | | 01338123 |

开票日期：20××年12月30日

购买方	名　　　称：天津滨海石化有限公司	密码区	1/390/>952747/25183589/3>640
	纳税人识别号：91120116556509482B		/*+/><6><>8864+0/+46+-893395
	地址、电话：天津临港经济区渤海十三路145号 022-23164485		7>5><158/474299723<9045110-1
	开户行及账号：中国建设银行天津临港工业区分行 2269001000875430		+0/96-3+6<2*/*<*51/550+-8376

货物或应税劳务、服务名称	规格型号	单位	数量	单价	金额	税率	税额
*生活服务*餐饮费		次	1	44339.62	44339.62	6%	2660.38
合　　　计					¥44339.62		¥2660.38

| 价税合计（大写） | ⊗肆万柒仟元整 | （小写）¥47000.00 |

销售方	名　　　称：天津中天餐饮发展有限公司	备注	
	纳税人识别号：91120117000002222		
	地址、电话：天津滨海高新区华苑产业园区梅苑路27号 022-83410611		
	开户行及账号：中国工商银行天津白堤路支行 0302011200187417698		

收款人：杨剑平　　　复核：马丽　　　开票人：温晨　　　销售方：（章）

图5-17　增值税普通发票

【经济业务16】20××年12月25日，支付公司业务招待费用合计30 000元。
票据：增值税普通发票如图5-18所示。

| 1200162350 | 天津增值税普通发票 | No 01338002 | 1200162350 |
| | | | 01338002 |

开票日期：20××年12月25日

购买方	名　　　称：天津滨海石化有限公司	密码区	93-080-71826923>7*21-4/70/2-
	纳税人识别号：91120116556509482B		*<7-*9*968+276583<*+5/628596
	地址、电话：天津临港经济区渤海十三路145号 022-23164485		-/+55<*<*/<*/67*45/239327/74<
	开户行及账号：中国建设银行天津临港工业区分行 2269001000875430		79>68-</>130>37+6+767/0+537+

货物或应税劳务、服务名称	规格型号	单位	数量	单价	金额	税率	税额
*生活服务*餐费		次	1	28301.89	28301.89	6%	1698.11
合　　　计					¥28301.89		¥1698.11

| 价税合计（大写） | ⊗叁万元整 | （小写）¥30000.00 |

销售方	名　　　称：天津中天餐饮发展有限公司	备注	
	纳税人识别号：91120117000002222		
	地址、电话：天津滨海高新区华苑产业园区 022-83410611		
	开户行及账号：中国工商银行天津白堤路支行 0302011200187417689		

收款人：杨剑平　　　复核：马丽　　　开票人：温晨　　　销售方：（章）

图5-18　增值税普通发票

　　要求：根据经济业务内容学会识别相关票据信息，归集和分配相关费用，并根据相关票据编制会计分录。

　　【经济业务17】20××年12月31日，结转本期制造费用。

　　票据：制造费用结转明细表如表5-9所示。

表5-9　制造费用结转明细表

编制单位：天津滨海石化有限公司　　　　　　20××年12月31日　　　　　　　　　　单位：元

序号	结转金额	转入科目	转出科目	备注
01	26 586 997.75	（50010104）生产成本——基本生产成本——制造费用		
02	19 345 516.94		（510101）制造费用——燃料及动力费	
03	15 000.00		（510102）制造费用——低值易耗品	
04	81 000.00		（510103）制造费用——工装费	
05	54 974.43		（510104）制造费用——劳保费	
06	25 000.00		（510105）制造费用——房租	
07	15 000.00		（510106）制造费用——清洁费	
08	17 945.34		（510107）制造费用——差旅费	
09	37 912.69		（510108）制造费用——维修费	
10	947 817.25		（510109）制造费用——维保费	
11	354 995.47		（510110）制造费用——福利费	
12	4 265 392.47		（510111）制造费用——折旧费	
13	1 302 796.93		（510112）制造费用——摊销费	
14	90 483.88		（510113）制造费用——工资	
15	22 394.77		（510114）制造费用——社险	
16	8 957.90		（510115）制造费用——公积金	
17	1 809.68		（510116）制造费用——工会经费	

　　　　　　审核：白童　　　　　　　　制表：陈立娟

　　要求：根据经济业务内容学习编制制造费用结转表，根据相关票据编制会计分录。

　　（备注：因项目分类需要制造费用的归集，部分内容在后面业务中体现。）

五、副产品的核算

　　【经济业务18】20××年12月31日，结转副产品成本。

　　票据1：生产成本结转明细表如表5-10所示。

表5-10　生产成本结转明细表

编制单位：天津滨海石化有限公司　　　　　　20××年12月15日　　　　　　　　　　单位：元

序号	结转金额	转入科目	转出科目	备注
01	435 860.47	（140504）库存商品——蒸汽冷凝液	（50010105）生产成本——基本生产成本——蒸汽冷凝液	

续表

序号	结转金额	转入科目	转出科目	备注
02	3 498 148.64	（140505）库存商品——混合醇醛	（50010106）生产成本——基本生产成本——混合醇醛	

审核：白童　　　　　　　　制表：陈立娟

票据 2：入库单如表 5-11 所示。

表 5-11　入库单

供货单位：　　　　　　　入库日期：20××年 12 月 31 日　　　　　　入库单号：

业务类型：　　　　　　　仓库：　　　　　　　　　　　　　　　　备注：

序号	存货名称	单位	数量	单价	金额
001	蒸汽冷凝液	千克	61 302.46	7.11	435 860.47
002	混合醇醛	千克	2 415.66	1 448.11	3 498 141.40
合　计			3 934 001.89		

制单：陈立娟　　　库管：　　　检验：　　　复核：白童　　　经理审核：　　　供应商签字：

要求：根据经济业务内容编制结转副产品成本表，根据相关票据编制会计分录。

六、产成品的核算

【经济业务 19】20××年 12 月 31 日，核算本月生产正丁醇成本。

票据 1：产成品成本结转明细表如表 5-12 所示。

表 5-12　产成品成本结转明细表

编制单位：天津滨海石化有限公司　　　　　20××年 12 月 31 日　　　　　　　单位：元

序号	结转金额	转入科目	转出科目	备注
01	51 091 494.69	（140501）库存商品——正丁醇		
02	15 491 196.45	（140502）库存商品——异丁醇		
03	108 736 417.67	（140503）库存商品——辛醇		
04	152 210 210.01		（50010101）生产成本——基本生产成本——直接材料	
05	419 770.06		（50010103）生产成本——基本生产成本——直接人工	
06	26 586 997.75		（50010104）生产成本——基本生产成本——制造费用	
07	−435 860.47		（50010105）生产成本——基本生产成本——蒸汽冷凝液	
08	−3 498 148.64		（50010106）生产成本——基本生产成本——混合醇醛	
09	36 140.10		（50010102）生产成本——基本生产成本——材料成本差异	

审核：白童　　　　　　　　制表：陈立娟

票据 2：入库单如表 5-13 所示。

表 5-13 入库单

供货单位： 入库日期：20××年 12 月 31 日 入库单号：
业务类型： 仓库： 备注：

序号	存货名称	单位	数量	单价	金额
001	正丁醇	千克	13 566.45	3 766.02	51 091 494.69
002	异丁醇	千克	4 113.39	3 766.04	15 491 196.45
003	辛醇	千克	25 181.87	4 318.04	108 736 417.67
合　计					175 319 108.81

制单：陈立娟　　库管：　　检验：　　复核：白童　　经理审核：　　供应商签字：

要求：根据经济业务内容学习编制产成品成本结转表，根据相关票据编制会计分录。

固定资产、投资性房地产和长期股权投资核算

实训目的

通过固定资产、投资性房地产和长期股权投资核算的实训，学生能够比较系统地掌握固定资产、投资性房地产和长期股权投资会计核算的基本程序和具体方法，加深对所学专业理论知识的理解，提高实际运用能力。

实训内容

固定资产计提折旧、延期支付货款购买固定资产、自用房地产转换为以公允价值模式计量的投资性房地产、取得投资性房地产租金和长期股权投资初始投资成本等。

实训方法

（1）线下进行现代学徒制实训指导。
（2）按岗位角色分组进行训练。

实训工具

通用记账凭证、账簿、报表、计算器等。

实训要求

（1）进行实训操作时，每位实训者必须清楚实训目的、

要求，做好复习、预习，准备好相关实训资料。

（2）实训操作时，采用企业财会部门实际使用的会计凭证、账簿及有关结算单据，从实战出发，严肃认真地进行实训操作，做好实训记录。

（3）立足手工操作，实训操作者要按规定的要求书写文字、数字，填写有关凭证，登记账簿。

（4）依据提供的会计资料，以科目汇总表账务处理程序进行操作练习，加深对账务处理程序的理解。

（5）加强实训操作过程中会计资料的整理、保管。

实训注意事项

（1）实训前要认真阅读实训资料，了解实训项目的内容和基本理论知识。

（2）实训前预习与实训项目相关的理论知识。

一、固定资产核算

▶▶▶ （一）计提固定资产折旧

【经济业务20】20××年12月31日计提当月折旧。

票据：固定资产折旧汇总表如表6-1所示。

表6-1　固定资产折旧汇总表

编制单位：天津滨海石化有限公司　　　　20××年12月31日　　　　　　单位：元

固定资产名称	数量	固定资产原值	残值率	使用年限	年折旧额	月折旧额
房屋建筑——生产用	5	235 000 000.00	4%	35	6 445 714.32	537 142.86
房屋建筑——办公用	3	23 500 000.00	4%	35	644 571.48	53 714.29
机器设备——专用	20	853 600 000.00	4%	28	29 266 285.71	2 438 857.14
机器设备——通用	30	144 262 930.00	4%	22	6 295 109.67	524 592.47
运输设备	10	1 200 000.00	4%	15	76 800.00	6 400.00
电子设备——生产用	10	16 000 000.00	4%	10	1 536 000.00	128 000.00
电子设备——办公用	20	150 000.00	4%	10	14 400.00	1 200.00
仪器仪表	20	159 200 000.00	4%	20	7 641 600.00	636 800.00
合计		1 432 912 930.00			51 920 481.18	4 326 706.76

要求：根据经济业务内容学习编制固定资产折旧汇总表，根据相关票据编制会计分录。

▶▶▶ （二）延期支付货款购买固定资产

【经济业务21】天津滨海石化有限公司于20××年12月31日从天津岛津液压系统有限公司购入羰基合成反应器，该设备已收到，不需安装。购销合同约定，羰基合成反应器的总价款为2 000万元，分3年支付。第一年的12月31日支付980万元，第二年的12月31日支付610万元，第三年的12月31日支付410万元。天津滨海石化有限公司3年期银行借款年利率按6%计算。$(P/F, 6\%, 1) = 0.943$，$(P/F, 6\%, 2) = 0.890$，$(P/F,$

6%，3)＝0.840。月底确认本月融资费用 90 572 元。

票据：费用摊销表如表 6-2 所示。

表 6-2　费用摊销表

编制单位：天津滨海石化有限公司　　　　20××年 12 月 31 日　　　　　　　　单位：元

项目名称	期限	摊销总额	期初摊销额	本月摊销额	累计摊销额	期末余额
长期应付款未确认融资费用摊销	20××年 12 月 31 日至（20××＋1）年 12 月 31 日	18 856 000.00	10 778 070.00	90 572.00	10 868 640.00	7 987 360.00

要求：根据经济业务内容，学习编制费用推销表，并编出相关会计分录。

【经济业务 22】20××年 12 月 31 日支付 980 万元给天津岛津液压系统有限公司。

票据：银行业务回单如图 6-1 所示。

		中国建设银行客户专用回单		No.97358204

币别：人民币　　　　　　　　20××年12月31日　　　流水号：320170795620384125

付款人	全　称	天津滨海石化有限公司	收款人	全　称	天津岛津液压系统有限公司
	账　号	2269001000875430		账　号	0302011299764352186
	开户行	中国建设银行天津临港工业区分行		开户行	中国工商银行天津宏泰支行
金　额	（大写）玖佰捌拾万元整		（小写）￥9800000.00		
凭证种类	电子转账凭证		凭证号码	182503679415763290	
结算方式	转账		用　途	长期应付款	

打印柜员：001
打印机构：中国建设银行天津临港工业区分行
打印卡号：182503679415763290

打印时间：20××年12月31日　　　交易柜员：002　　　交易机构：

图 6-1　银行业务回单

要求：根据经济业务内容学习编制未确认融资费用摊销表，并根据相关票据编制会计分录。

二、投资性房地产核算

▶▶▶ （一）自用房地产转换为以公允价值模式计量的投资性房地产

【经济业务 23】天津滨海石化有限公司自用的一幢办公楼于 20××年末对外出租，（已有一处办公楼于 20××年 7 月 1 日出租，租期 5 年，年租金 2 500 万元，每年年末收租金）办公楼账面原价为 1 000 万元，公司一直采用 10 年期直线法计提折旧，无残值。出租开始日已提折旧 300 万元，天津滨海石化有限公司对此投资性房地产采用公允价值模式进行后续计量，出租日该办公楼的公允价值为 746.60 万元，该办公楼的年租金为 40 万元，于每年年末一次结清，租赁期开始日为 20××年 12 月 1 日，租期 5 年（租赁合同略）。

票据：投资性房地产汇总表如表 6-3 所示。

表 6-3　投资性房地产汇总表

编制单位：天津滨海石化有限公司　　　　　20××年12月31日　　　　　　　　　单位：元

房产位置	承租方	租赁起始时间	租赁期限	年租金	租金收取方式
滨海新区新华路23号	北京幸福创投资管理有限公司	20××年7月1日	5年	25 000 000.00	每年末支付
滨海新区上海道15号5层、6层	北京幸福创投资管理有限公司	20××年12月1日	5年	400 000.00	每年末支付

要求：根据经济业务内容确认投资性房地产的初始计量金额，并根据相关票据编制会计分录。

▶▶▶　（二）取得投资性房地产租金

【经济业务24】20××年12月31日，天津滨海石化有限公司收到投资性房地产租金2 725万元。同时开具增值税专用发票给北京幸福创投资管理有限公司。

票据1：银行业务回单如图6-2所示。

图 6-2　银行业务回单

票据2：增值税专用发票如图6-3所示。

要求：根据经济业务内容识别相关票据信息和确认投资性房地产租金收入金额，并根据相关票据编制会计分录。

三、长期股权投资核算

【经济业务25】天津滨海石化有限公司以500万元（含相关税费）银行存款于20××年12月12日购买非同一集团的天津市合成化工有限公司20%股权。天津市合成化工有限公司在购买日可辨认净资产的公允价值为3 000万元，资产和负债的公允价值与账面价值相同。两公司的会计年度和采用的会计政策相同。

1200132140　天津增值税专用发票　No 01648351　1200132140　01648351

开票日期：20××年12月31日

购买方	名　称：	北京幸福创投资管理有限公司				密码区	+429*8<64/2+41521<95<3700<6< 5-63+296)+71657)43/>3+2-6/>5 346)+317+4/73-5<7957><5*6/93 -0759<--5-0*-69405+<>2-98332		
	纳税人识别号：	91120118MA000Y0CEB							
	地址、电话：	北京市朝阳区朝外大街乙6号-a座-1036　010-84562973							
	开户行及账号：	中国工商银行天津华苑支行　02-150001040887468							

货物或应税劳务、服务名称	规格型号	单位	数量	单价	金额	税率	税额
经营租赁 租金			1	25000000.00	25000000.00	9%	2250000.00
合　计					¥25000000.00		¥2250000.00

价税合计（大写）	⊗ 贰仟柒佰贰拾伍万元整	（小写）¥27250000.00

销售方	名　称：	天津滨海石化有限公司	备注
	纳税人识别号：	91120116556509482B	
	地址、电话：	天津临港经济区渤海十三路145号　022-23164485	
	开户行及账号：	中国建设银行天津临港工业区分行　2269001000875430	

收款人：邓合　　　复核：白童　　　开票人：陈立娟　　　销售方：（章）

第一联：记账联　销售方记账凭证

税总函[20XX]212号北京印钞有限公司

图6-3　增值税专用发票

票据：银行业务回单如图6-4所示。

　中国建设银行客户专用回单　No.14056732

币别：人民币　　20××年12月12日　　流水号：320170385401926734

付款人	全　称	天津滨海石化有限公司	收款人	全　称	天津市合成化工有限公司
	账　号	2269001000875430		账　号	02-150001040007338
	开户行	中国建设银行天津临港工业区分行		开户行	中国农业银行天津胜利支行
金　额	（大写）伍佰万元整			（小写）¥5000000.00	
凭证种类	电子转账凭证		凭证号码	465201739886271490	
结算方式	转账		用　途	购买股权	

打印柜员：001
打印机构：中国建设银行天津临港工业区分行
打印卡号：465201739886271490

本回单可通过网点自助设备或建行网站校验真伪

（借方回单）

打印时间：20××年12月12日　　　交易柜员：002　　　交易机构：

图6-4　银行业务回单

要求：根据经济业务内容确认长期股权投资账面价值，并根据相关票据编制会计分录。

第七章

无形资产和非货币性资产交换核算

实训目的

通过无形资产和非货币性资产交换核算的实训，学生能够比较系统地掌握无形资产和非货币性资产交换会计核算的基本程序和具体方法，加深对所学专业理论知识的理解，提高实际运用能力。

实训内容

无形资产的摊销、无形资产的出售和非货币性资产交换等。

实训方法

（1）线下进行现代学徒制实训指导。

（2）按岗位角色分组进行训练。

实训工具

通用记账凭证、账簿、报表、计算器等。

实训要求

（1）进行实训操作时，每位实训者必须清楚实训目的、

要求，做好复习、预习，准备好相关实训资料。

（2）实训操作时，采用企业财会部门实际使用的会计凭证、账簿及有关结算单据，从实战出发，严肃认真地进行实训操作，做好实训记录。

（3）立足手工操作，实训操作者要按规定的要求书写文字、数字，填写有关凭证，登记账簿。

（4）依据提供的会计资料，以科目汇总表账务处理程序进行操作练习，加深对账务处理程序的理解。

（5）加强实训操作过程中会计资料的整理、保管。

实训注意事项

（1）实训前要认真阅读实训资料，了解实训项目的内容和基本理论知识。
（2）实训前预习与实训项目相关的理论知识。

一、无形资产核算

▶▶▶ （一）无形资产的摊销

【经济业务 26】20××年 12 月 31 日，计提本月无形资产摊销费 1 302 796.93 元。

票据：无形资产摊销汇总表如表 7-1 所示。

表 7-1　无形资产摊销汇总表

编制单位：天津滨海石化有限公司　　　　20××年 12 月 31 日　　　　　　单位：元

无形资产名称	原值	摊销期（月）	月摊销额
丁醇生产装置尾气回收技术开发	332 575 389.52	264	1 259 755.26
煤气化项目自动控制开发应用	10 330 000.00	240	43 041.67
合计	342 905 389.52		1 302 796.93

会计主管：白童　　　　　　　　审核：白童　　　　　　　　制表：陈立娟

要求：根据经济业务内容学习编制无形资产摊销计算表，并根据相关票据编制会计分录。

▶▶▶ （二）无形资产出售

【经济业务 27】天津滨海石化有限公司 20××年 12 月 12 日与天津市合成化工有限公司签订无形资产转让协议，将专利权——合成气的利用以 15 万元的价格出售，并开出增值税专用发票给天津市合成化工有限公司。该无形资产的原值为 30 万元，残值率为 0，预计使用年限 15 年，已使用 10 年。（无形资产转让协议略）

票据 1：银行客户专用回单如图 7-1 所示。

票据 2：增值税专用发票如图 7-2 所示。

要求：根据经济业务内容识别相关票据信息和确认无形资产处置损益，并根据相关票据编制会计分录。

中国建设银行客户专用回单　津00056416581

币别：人民币　　　　20××年12月12日　　　　流水号：320170640785132907

付款人	全称	天津市合成化工有限公司	收款人	全称	天津滨海石化有限公司
	账号	02-150001040007338		账号	2269001000875430
	开户行	中国农业银行天津胜利支行		开户行	中国建设银行天津临港工业区分行
金额		(大写)壹拾伍万玖仟元整			(小写)￥159000.00
凭证种类		电子转账凭证	凭证号码		875642910390325718
结算方式		转账	用途		专利收入

打印柜员：002

打印机构：中国建设银行天津临港工业区分行

打印卡号：875642910390325718

打印时间：20××年12月12日　　　　交易柜员：001　　　　交易机构：

本回单可通过网点自助设备或建行网站校验真伪

（贷方回单）

图7-1　银行客户专用回单

1200170367　　　天津增值税专用发票　　　No 01648351　　1200170367
　　　　　　　　　　　　　发票联　　　　　　　　　　　　　　　　01648351

开票日期：20××年12月12日

购买方	名称：天津市合成化工有限公司 纳税人识别号：91120116239295338W 地址、电话：天津市滨海新区大港石化产业园区内　022-59713368 开户行及账号：中国农业银行天津胜利支行　02-150001040007338	密码区	--<*5<<9268531-*56>78/84-+-> 389+54*1+07816<0053*5>07>301 /6+921/1/2-7-654722+73*49+88 <0</33+40<<->8809<775<8-<9<9

货物或应税劳务、服务名称	规格型号	单位	数量	单价	金额	税率	税额
*无形资产*合成气的利用			1	150000.00	150000.00	6%	9000.00
合　计					￥150000.00		￥9000.00

价税合计（大写）	⊗壹拾伍万玖仟元整	（小写）￥159000.00

销售方	名称：天津滨海石化有限公司 纳税人识别号：91120116556509482B 地址、电话：天津临港经济区渤海十三路145号　022-23164485 开户行及账号：中国建设银行天津临港工业区分行　2269001000875430	备注

收款人：邓合　　　　复核：白童　　　　开票人：陈立娟　　　　销售方：（章）

第一联：记账联　销售方记账凭证

税总函〔20××〕212号北京印钞有限公司

图7-2　增值税专用发票

二、非货币性资产交换核算

▶▶▶ 　（一）处置固定资产

【经济业务28】20××年12月1日清理两处生产用厂房，原值合计1 200万元，两处厂房残值率均为4%，使用年限均为35年，累计已提折旧20万元，计提折旧累计200万元，未计提减值准备。

票据：固定资产清理表如表7－2所示。

表7－2　固定资产清理表

编制单位：天津滨海石化有限公司　　　20××年12月31日　　　　　　　单位：元

固定资产名称	数量	固定资产原值	残值率	使用年限	年折旧额	月折旧额
房屋建筑物——生产用	2	12 000 000.00	4%	35	200 000.00	16 666.67
合计		12 000 000.00			200 000.00	16 666.67

要求：根据经济业务内容学会编制固定资产清理表，并根据相关票据编制会计分录。

▶▶▶ （二）非货币性资产交换

【经济业务29】天津滨海石化有限公司为增值税一般纳税人，20××年12月1日，天津滨海石化有限公司以二处生产用厂房换入壳牌华北石油集团有限公司的一项专利技术"煤气化项目自动控制开发应用"，换出固定资产的账面原价合计1 200万元，已计提折旧200万元，未计提减值准备，公允价值为800万元；专利技术的公允价值为750万元；壳牌华北石油集团有限公司另外向天津滨海石化有限公司支付银行存款50万元。天津滨海石化有限公司和壳牌华北石油集团有限公司为母子公司，该交换不具有商业实质。（非货币性资产交换合同略）

票据1：增值税专用发票如图7－3所示。

图7－3　增值税专用发票

票据2：增值税专用发票如图7－4所示。

1200132140	天津增值税专用发票			No 03558334	1200132140 03558334

发票联

开票日期：20××年12月01日

购买方	名　　　称：壳牌华北石油集团有限公司 纳税人识别号：91120101228654707D 地　址、电话：天津市和平区西宁道61号增3号　022-56247893 开户行及账号：中国工商银行天津友谊路支行　0302011205987536925	密码区	−670*>5/35/1826<6907311−125< 5*<4<7<810805/3*09/>878>*55< 90>7739*3/−*<2−1<714/626/16− 2<>3+661371*97><043+>6/28+5−

货物或应税劳务、服务名称	规格型号	单位	数量	单价	金额	税率	税额
*通用设备*生产线			1	8000000.00	8000000.00	13%	1040000.00
合　　　计					￥8000000.00		￥1040000.00

价税合计（大写）	⊗ 玖佰零肆万元整	（小写）￥9040000.00

销售方	名　　　称：天津滨海石化有限公司 纳税人识别号：91120116556509482B 地　址、电话：天津临港经济区渤海十三路145号　022-23164485 开户行及账号：中国建设银行天津临港工业区分行　2269001000875430	备注

收款人：邓合　　　复核：白童　　　开票人：陈立娟　　　销售方：（章）

第一联：记账联　销售方记账凭证

税总函〔20XX〕212号北京印物有限公司

图7-4　增值税专用发票

要求：根据经济业务内容识别相关票据信息和确认非货币性资产交换相关资产初始入账金额，并根据相关票据编制会计分录。

▶▶▶ （三）支付无形资产过户手续费

【经济业务30】20××年12月1日，天津滨海石化有限公司为换入专利技术办理过户发生手续费用5万元。

票据1：银行业务回单如图7-5所示。

中国建设银行 China Construction Bank

中国建设银行客户专用回单　津00056416581

20××年12月01日　　　流水号：3201700179846253331

付款人	全　称	天津滨海石化有限公司	收款人	全　称	天津瑞泰咨询有限公司
	账　号	2269001000875430		账　号	914001001654623561
	开户行	中国建设银行天津临港工业区分行		开户行	天津农村商业银行武清支行
金　额	（大写）伍万元整			（小写）￥50000.00	
凭证种类	电子转账凭证		凭证号码	582741096379014235	
结算方式	转账		用　途	支付无形资产过户手续费	
		打印柜员：001 打印机构：中国建设银行天津临港工业区分行 打印卡号：582741096379014235			

打印时间：20××年12月01日　　　交易柜员：002　　　交易机构：

（借方回单）

本回单可通过网点自助设备或建行网站校验真伪

图7-5　银行客户专用回单

票据 2：增值税普通发票如图 7-6 所示。

					天津增值税普通发票				No 01175335	1200132140 01175335
					发票联				开票日期：20××年12月01日	

1200132140

购买方	名　称：	天津滨海石化有限公司					密码区	059634766</3/-3812>><9>>828 /><8+81*5<<29371-++2/-74/** *2662/4375>76</7/-16753>99< >*+9>010-/1<126182>5+984403	
	纳税人识别号：	91120116556509482B							
	地址、电话：	天津临港经济区渤海十三路145号　022-23164485							
	开户行及账号：	中国建设银行天津临港工业区分行　2269001000875430							

货物或应税劳务、服务名称	规格型号	单位	数量	单价	金　额	税率	税　额
*经纪代理服务*代理费			1	48543.69	48543.69	3%	1456.31
合　　计					¥48543.69		¥1456.31
价税合计（大写）　　⊗伍万元整						（小写）¥50000.00	

销售方	名　称：	天津瑞泰咨询有限公司	备注	天津瑞泰咨询有限公司 91120222MA0534611Y 发票专用章
	纳税人识别号：	91120222MA0534611Y		
	地址、电话：	天津市武清区京津电子商务产业园处阳道4号13号楼25室-11　022-2967668		
	开户行及账号：	天津农村商业银行武清支行　914001001654623561		

收款人：郭志伟　　　　复核：耿滨　　　　开票人：王忠毅　　　　销售方：（章）

图 7-6　增值税普通发票

要求：根据经济业务内容识别相关票据信息和确认相关费用金额，并根据相关票据编制会计分录。

第八章

负债及借款费用核算

实训目的

通过负债及借款费用核算的实训，学生能够比较系统地掌握负债及借款费用会计核算的基本程序和具体方法，加深对所学专业理论知识的理解，提高实际运用能力。

实训内容

应交税费、应付职工薪酬、借款费用等的核算。

实训方法

（1）线下进行现代学徒制实训指导。

（2）按岗位角色分组进行训练。

实训工具

通用记账凭证、账簿、报表、计算器等。

实训要求

（1）进行实训操作时，每位实训者必须清楚实训目的、要求，做好复习、预习，准备好相关实训资料。

（2）实训操作时，采用企业财会部门实际使用的会计凭证、账簿及有关结算单据，从实战出发，严肃认真地进行实训操作，做好实训记录。

（3）立足手工操作，实训操作者要按规定的要求书写文字、数字，填写有关凭证，登记账簿。

（4）依据提供的会计资料，以科目汇总表账务处理程序进行操作练习，加深对账务处理程序的理解。

（5）加强实训操作过程中会计资料的整理、保管。

实训注意事项

（1）实训前要认真阅读实训资料，了解实训项目的内容和基本理论知识。

（2）实训前预习与实训项目相关的理论知识。

一、负债核算

▶▶▶ （一）应交税费

➢ 1. 计提环保税

【经济业务31】20××年12月31日，根据监测机构监测数据计算环保税，本月计提金额为3 830.94元。

票据：环境保护税按月计算报表（大气污染物适用），计算结果如表8-1所示。

要求：根据经济业务内容学习编制环保税计算报表，并根据相关票据编制会计分录。

➢ 2. 计提和缴纳附加税

【经济业务32】20××年12月6日，缴纳上月附加税。

票据1：电子缴税付款凭证如图8-1所示。

中国建设银行电子缴税付款凭证

转账日期:20××1206　　　　　　　　　　　　　　凭证字号:20××120601200802000000009581179533

纳税人全称及纳税人识别号:天津滨海石化有限公司	91120116556509482B

付款人全称:天津滨海石化有限公司　　　　　　　　咨询（投诉）电话:12366
付款人账号:2269001000875430　　　　　　　　　征收机关名称（委托方）:国家税务总局天津市滨海新区税务局
付款人开户银行:中国建设银行天津临港工业区分行　收款国库（银行）名称:国家金库天津市滨海新区支库（代理）
小写（合计）金额:¥10369.34元　　　　　　　　　缴款书交易流水号:20××120632017012000000782
大写（合计）金额:人民币　壹万零叁佰陆拾玖元叁角肆分　税票号码:320170943601528704

税（费）种名称	所属日期	实缴金额
城市维护建设税	20××年11月1日——20××年11月30日	6048.78
教育费附加	20××年11月1日——20××年11月30日	2592.34
地方教育附加	20××年11月1日——20××年11月30日	1728.22

第　1　次打印　　　　　　　　　　　　　　　　打印时间:20××1206

柜员编号:98256170
全局跟踪号:036721849514830672

图8-1　电子缴税付款凭证

表8-1　环境保护税按月计算表

税款所属期：自20××年12月1日至20××年12月31日
纳税人名称：天津滨海石化有限公司
纳税人识别号：9112011655650482B

填表日期：20××年12月31日
金额单位：元至角分

月份	税源编号	排放口名称	污染物名称	污染物排放量计算方法	监测计算					单位税额	本期应纳税额
					废气排放量（万标立方米）	实测浓度值（毫克/标立方米）	污染物排放量（千克）	污染当量值（千克）	污染当量数		
(1)	(2)	(3)	(4)	(5)	(6)	(7)	$(8)=(6)\times(7)\div100$	(9)	$(10)=(8)\div(9)$	(11)	$(12)=(10)\times(11)$
12月	A120116201802320	尾气排放口23	一般性粉尘（气）	监测机构监测	117.79	38.10	44.88	4	11.22	10	112.20
12月	A120116201802321	尾气排放口24	一般性粉尘（气）	监测机构监测	107.23	34.30	36.78	4	9.20	10	91.95
12月	A120116201802322	尾气排放口25	一般性粉尘（气）	监测机构监测	674.98	10.00	67.50	4	16.87	10	168.74
12月	A120116201802323	尾气排放口26	一般性粉尘（气）	监测机构监测	758.98	10.00	75.90	4	18.97	10	189.74
12月	A120116201802324	尾气排放口27	一般性粉尘（气）	监测机构监测	9.86	10.00	0.99	4	0.25	10	2.47
12月	A120116201802325	尾气排放口28	一般性粉尘（气）	监测机构监测	152.30	10.00	15.23	4	3.81	10	38.08
12月	A120116201802326	尾气排放口29	一般性粉尘（气）	监测机构监测	146.64	10.00	14.66	4	3.67	10	36.66
12月	A120116201802327	尾气排放口30	一般性粉尘（气）	监测机构监测	820.85	10.00	82.08	4	20.52	10	205.21
12月	A120116201802328	尾气排放口31	一般性粉尘（气）	监测机构监测	730.34	10.00	73.03	4	18.26	10	182.59
12月	A120116201802329	尾气排放口32	一般性粉尘（气）	监测机构监测	10.85	10.00	1.08	4	0.27	10	2.71
12月	A120116201802330	甲醇装置酸性气体排气出口33	二氧化硫（气）	监测机构监测	43.70	61.40	26.83	0.95	28.25	10	282.47
12月	A120116201802330	甲醇装置酸性气体排气出口33	氮氧化物（气）	监测机构监测	43.70	23.50	10.27	0.95	10.81	10	108.11
12月	A120116201802330	甲醇装置酸性气体排气出口33	硫酸雾（气）	监测机构监测	43.70	13.70	5.99	0.6	9.98	10	99.79
12月	A120116201802331	甲醇装置酸气脱水洗排放口34	甲醇（气）	监测机构监测	445.63	32.10	143.05	0.67	213.50	10	2 135.04
12月	A120116201802331	甲醇装置酸气脱水洗塔尾气排放口34	硫化氢（气）	监测机构监测	445.63	1.14	5.08	0.29	17.52	10	175.18
合计											3 830.94

票据2：电子缴税付款凭证如图8-2所示。

中国建设银行电子缴税付款凭证

转账日期：20××1206 　　　　　　　　　　　　　　　凭证字号：20××1206012008020000009581179533

纳税人全称及纳税人识别号：天津滨海石化有限公司　　91120116556509482B	咨询（投诉）电话：12366
付款人全称：天津滨海石化有限公司	征收机关名称（委托方）：国家税务总局天津市滨海新区税务局
付款人账号：2269001000875430	收款国库（银行）名称：国家金库天津市滨海新区支库（代理）
付款人开户银行：中国建设银行天津临港工业区分行	缴款书交易流水号：20××1206320170120000000782
小写（合计）金额：¥76654.87元	税票号码：320170943601528704
大写（合计）金额：人民币　柒万陆仟陆佰伍拾肆元捌角柒分	

税（费）种名称	所属日期	实缴金额
印花税	20××年11月1日——20××年11月30日	76654.87

第　1　次打印 　　　　　　　　　　　　　　　　　　　打印时间：20××1206

柜员编号：59671342
全局跟踪号：241538069770532461

图8-2　电子缴税付款凭证

要求：根据经济业务内容学会识别相关票据信息，并根据相关票据编制会计分录。

【经济业务33】20××年12月31日，计提本月应交附加税。

票据1：税金和附加计提表如表8-2所示。

表8-2　税金及附加计提表

编制单位：天津滨海石化有限公司　　　　　20××年12月31日　　　　　　　　　单位：元

税种	计税依据	计算结果
城市维护建设税	计税金额	8 594 205.47
	税率	7%
	应纳税额	601 594.38
教育费附加	计征金额	8 594 205.47
	征收率	3%
	应纳金额	257 826.16
地方教育附加	计征金额	8 594 205.47
	征收率	2%
	应纳金额	171 884.11
防洪工程维护费	计征金额	
	征收率	1%
	应纳金额	

续表

税种	计税依据	计算结果
文化事业建设费	计征金额	
	征收率	3‰
	应纳金额	
合计		1 031 304.65

票据2：印花税计提表如表8-3所示。

表8-3 印花税计提表
20××年12月31日

应税凭证	计税金额或件数	核定征收		适用税率	本期应纳税额
		核定依据	核定比例		
	1	2	3	4	$5=1×4+2×3×4$
购销合同		200 927 405.00	1.20	0.0003	72 333.87
财产租赁合同	2 000 000.00			0.0010	2 000.00
合计金额					74 333.87

要求：根据经济业务内容学会编制税金及附加税计提表和印花税计提表，并根据相关票据编制会计分录。

➤ 3. 缴纳个人所得税

【经济业务34】20××年12月6日，缴纳代扣代缴个人所得税。

票据：电子缴税付款凭证图如图8-3所示。

中国建设银行电子缴税付款凭证

转账日期：20××1206　　　　　　　　　　　　　　　　　　凭证字号：20××1206012008020000009581179535

纳税人全称及纳税人识别号：天津滨海石化有限公司　　91120116556509482B

付款人全称：天津滨海石化有限公司　　　　　　　　　咨询（投诉）电话：12366
付款人账号：2269001000875430　　　　　　　　　　征收机关名称（委托方）：国家税务总局天津市滨海新区税务局
付款人开户银行：中国建设银行天津临港工业区分行　　收款国库（银行）名称：国家金库天津市滨海新区支库（代理）
小写（合计）金额：¥6276.60元　　　　　　　　　　缴款书交易流水号：20××1206320170120000000784
大写（合计）金额：人民币　陆仟贰佰柒拾陆元陆角整　　税票号码：3201703067 12854935

税（费）种名称	所属日期	实缴金额
个人所得税	20××年11月1日——20××年11月30日	6276.60

第　1　次打印　　　　　　　　　　　　　　　　　　　　打印时间：20××1206

柜员编号：09851734
全局跟踪号：7425081693095 62731

图8-3　电子缴税付款凭证

要求：根据经济业务内容学会识别相关票据信息，并根据相关票据编制会计分录。

➤ 4. 计提企业所得税

【经济业务35】20××年12月31日，计提第四季度企业所得税。

票据：企业所得税计提表如表8-4所示。

表8-4　企业所得税计提表

编制单位：天津滨海石化有限公司　　　　　　20××年12月31日　　　　　　　　　　单位：元

项目	利润总额	纳税调整		应纳税所得额	税率	应纳所得税额
		纳税调增	纳税调减			
计提第四季度所得税费用	36 693 884.40				15%	5 504 082.66

要求：根据经济业务内容学会编制企业所得税计提表，并根据相关票据编制会计分录。

➤ 5. 结转本月未交增值税

【经济业务36】20××年12月31日，结转本月未交增值税。

票据：月末，增值税结转表如表8-5所示。

表8-5　增值税结转表

20××年12月31日　　　　　　　　　　单位：元

结转理由	应转出		应转入	
	会计科目	金额	会计科目	金额
计提本月未交增值税	（222119）应交税费——未交增值税	1 042 184.17	（22210104）应交税费——应交增值税——转出未交增值税	1 042 184.17

会计主管：白童　　　　　　　　　　审核：白童　　　　　　　　　　制单：陈立娟

要求：根据经济业务内容学会月末增值税结转编，并根据相关票据编制会计分录。

▶▶▶ （二）应付职工薪酬

➤ 1. 计提工资

【经济业务37】20××年12月31日，计提20××年12月企业职工工资。

票据：20××年12月工资表如表8-6所示。

要求：根据经济业务内容，学习编制工资表或识别工资表的信息，并根据相关票据编制会计分录。

➤ 2. 计提社险

【经济业务38】20××年12月31日，计提20××年12月企业为职工缴纳的社会保险。

编制单位：天津滨海石化有限公司

表8-6　工资表

20××年12月31日

单位：元

部门	岗位工资	月度绩效	其他	应发工资	五险基数	社会统筹保险							工伤（单位）	生育（单位）	住房公积金		工会经费		6项专项附加扣除	个税	实发工资
						养老（单位）	养老（个人）	失业（单位）	失业（个人）	医疗（单位）	医疗（个人）	大额救助（个人）			单位	个人	单位	个人			
总经办	19 780.00	10 840.00	2 880.00	33 500.00	30 150.00	4 824.00	2 412.00	150.75	150.75	3 015.00	603.00		150.75	150.75	3 316.50	3 316.50			2 000.00	2 348.35	24 669.40
行政部	14 105.00	7 730.00	2 055.00	23 890.00	21 501.00	3 440.16	1 720.08	107.51	107.51	2 150.10	430.02		107.51	107.51	2 365.11	2 365.11			6 000.00	499.75	18 767.53
财务部	2 500.00	13 700.00	26 150.00	42 350.00	38 115.00	6 098.40	3 049.20	190.58	190.58	3 811.50	762.30		190.58	190.58	4 192.65	4 192.65			12 000.00	903.00	33 252.27
市场部	86 120.00	47 180.00	12 562.90	145 862.90	131 276.61	21 004.26	10 502.13	656.38	656.38	13 127.66	2 625.53		656.38	656.38	14 440.43	14 440.43			39 000.00	1 622.50	116 015.93
生产管理部	53 420.00	29 270.00	7 793.88	90 483.88	81 435.48	13 029.68	6 514.84	407.18	407.18	8 143.55	1 628.71		407.18	407.18	8 957.90	8 957.90			42 000.00	903.00	72 072.25
生产车间	181 360.00	99 375.00	26 451.28	307 186.28	276 467.65	44 234.82	22 117.41	1 382.34	1 382.34	27 646.77	5 529.35		1 382.34	1 382.34	30 411.44	30 411.44			177 000.00	0.00	247 745.74
合计	357 285.00	208 095.00	77 893.06	643 273.06	578 945.74	92 631.32	46 315.66	2 894.74	2 894.74	57 894.58	11 578.91		2 894.74	2 894.74	63 684.03	63 684.03			278 000.00	6 276.60	512 523.12

审核：白童　　　　制表：陈立娟

票据：20××年 12 月工资表如表 8-6 所示。

要求：根据经济业务内容，学习编制工资表或识别工资表的信息，并根据相关票据编制会计分录。

> 3. 计提公积金

【经济业务 39】20××年 12 月 31 日，计提 20××年 12 月企业为职工缴纳的公积金。

票据：20××年 12 月工资表如表 8-6 所示。

要求：根据经济业务内容，学习编制工资表或识别工资表的信息，并根据相关票据编制会计分录。

> 4. 计提工会经费

【经济业务 40】20××年 12 月 31 日，计提 20××年 12 月需缴纳的工会经费。

票据：20××年 12 月工会经费计提表如表 8-7 所示。

表 8-7　工会经费计提明细表

编制单位：天津滨海石化有限公司　　　　　20××年 12 月 31 日　　　　　　　　　　单位：元

计提期间	工会经费			
	管理费用	销售费用	制造费用	生产成本
20××年 12 月 1 日—20××年 12 月 31 日	1 994.80	2 917.26	1 809.68	6 143.73

要求：根据经济业务内容，学会编制工会经费计提明细表，并根据相关票据编制会计分录。

> 5. 缴纳社险

【经济业务 41】20××年 12 月 31 日，缴纳 20××年 12 月企业职工社会保险。

票据 1：银行业务回单如图 8-4 所示。

中国建设银行客户专用回单　　　No.14709528

币别：人民币　　　　20××年12月31日　　　　流水号：320170180367254935

付款人	全　称	天津滨海石化有限公司	收款人	全　称	天津市社会保险基金管理中心
	账　号	2269001000875430		账　号	0302011205167540018
	开户行	中国建设银行天津临港工业区分行		开户行	中国工商银行天津滨海支行
金　额	（大写）贰拾壹万玖仟捌佰玖拾玖元肆角叁分			（小写）￥219999.43	
凭证种类	电子转账凭证		凭证号码	5432189907636180479	
结算方式	转账		用　途	缴纳12月社险	

打印柜员：001

打印机构：中国建设银行天津临港工业区分行

打印卡号：5432189907636180479

打印时间：20××年12月31日　　　　交易柜员：002　　　交易机构：

本回单可通过网点自助设备或建行网站校验真伪

（借方回单）

图 8-4　银行客户专用回单

票据 2：天津市社会保险基金专用收据如图 8-5 所示。

天津市社会保险基金专用数据

单位名称：天津滨海石化有限公司	20××年 12 月 31 日		单位代码：556509482 No.0436271
当月社会保险费明细			
基本养老：138946.98	基本医疗：69473.49	医疗救助：	
门诊大额：	工伤：2894.74	失业：5789.48	
生育：2894.74			
补（预）缴社会保险费明细			
付款人账号/现金/支票/POS	2269001000875430	票据打印时间	20××1231
社保流水		银行流水	04856729
金额	人民币（小写）	¥219999.43	
	人民币（大写）	贰拾壹万玖仟玖佰玖拾玖元肆角叁分	
收款单位（盖章）：			收款人：赵小艺

注：无收款单位收讫章无效

第二联 收据联

图 8-5 天津市社会保险基金专用收据

要求：根据经济业务内容，学会识别相关票据信息，并根据相关票据编制会计分录。

➤ 6. 缴纳公积金

【经济业务 42】20××年 12 月 31 日，缴纳 20××年 12 月企业职工公积金。

票据 1：银行业务回单如图 8-6 所示。

图 8-6 银行客户专用回单

票据 2：天津市住房公积金单位网上缴存电子回单如图 8-7 所示。

天 津 市 住 房 公 积 金 单 位 网 上 缴 存 电 子 回 单

（住房公积金）

20××年 12 月 31 日

NO：10011301201703130189

单位名称	天津滨海石化有限公司			
单位代码	91120116556509482B		汇缴年月	20××12
项目	增加			
	新开户		启封	
人数				
金额				——
项目	本月汇缴		个人补缴	合计
人数	125			——
金额	¥127368.06			¥127368.06
缴存金额合计（大写）		壹拾贰万柒仟叁佰陆拾捌元零陆分		

图 8-7 天津市住房公积金单位网上缴存电子回单

要求：根据经济业务内容，学会识别相关票据信息，并根据相关票据编制会计分录。

➤ 7. 发放工资

【经济业务 43】20××年 12 月 6 日，发放 20××年 11 月企业职工工资。

票据 1：11 月工资与 12 月工资一致，工资表数据如表 8-6 所示。

票据 2：银行业务回单如图 8-8 所示。

中国建设银行客户专用回单					No.51039247	

中国建设银行客户专用回单

No.51039247

币别：人民币　　　　20××年12月31日　　　　流水号：320170036184927502

付款人	全　称	天津滨海石化有限公司	收款人	全　称	天津滨海石化有限公司
	账　号	2269001000875430		账　号	0302011205167540018
	开户行	中国建设银行天津临港工业区分行		开户行	中国工商银行天津滨海支行
金　额	（大写）伍拾壹万贰仟伍佰贰拾叁元壹角贰分			（小写）￥512523.12	
凭证种类	电子转账凭证		凭证号码	907213658401486239	
结算方式	转账		用　途	工资	
		打印柜员：001 打印机构：中国建设银行天津临港工业区分行 打印卡号：907213658401486239			

打印时间：20××年12月06日　　　交易柜员：002　　　交易机构：

（借方回单）

本回单可通过网点自助设备或建行网站校验真伪

图8-8　银行业务回单

要求：根据经济业务内容，学会识别相关票据信息，并根据相关票据编制会计分录。

二、借款费用核算

▶▶▶ （一）短期借款

【经济业务44】天津滨海石化有限公司20××年10月31日从农业银行借入为期6个月的短期借款4 030万元，年利率6％，到期一次还本付息。

票据：借款利息计提表如表8-8所示。

表8-8　借款利息计提表

编制单位：天津滨海石化有限公司　　　　20××年12月31日　　　　单位：元

借款科目	借款日期	到期日	借款本金	年利率	已提利息	当月利息	累计利息
（223103）应付利息——短期借款	20××年10月31日	（20××+1）年4月30日	40 300 000.00	6％	201 500.00	201 500.00	403 000.00
合计			40 300 000.00		201 500.00	201 500.00	403 000.00

审核：白童　　　　　　　　　　制表：陈立娟

要求：根据经济业务内容，学会编制借款利息计提表，并根据相关票据编制会计分录。

▶▶▶ （二）长期借款

【经济业务45】天津滨海石化有限公司为建设2号仓库于20××年6月1日从建设银行借入20 706万元，为期3年，年利率12％，按年付息，到期还本。借入后立即投入厂房建设20 000万元。闲置资金706万元存入天津银行，月利率0.5％。

票据1：应付利息计算表如表8-9所示。

表 8－9　应付利息计算表

编制单位：天津滨海石化有限公司　　　　　　20××年 12 月 31 日　　　　　　　　单位：元

借款科目	借款日期	到期日	借款本金	年利率	已提利息	当月利息	累计利息
（160401）在建工程——房屋建筑物——生产用	20××年 6 月 1 日	（20××＋2）年 6 月 1 日	207 060 000.00	12%	12 423 600.00	2 070 600.00	14 494 200.00
合计			207 060 000.00		12 423 600.00	2 070 600.00	14 494 200.00

审核：白童　　　　　　　　　　　　制表：陈立娟

票据 2：应收利息计算表如表 8－10 所示。

表 8－10　应收利息计算表

编制单位：天津滨海石化有限公司　　　　　　20××年 12 月 31 日　　　　　　　　单位：元

借款科目	存款日期	到期日	存款本金	月利率	已提利息	当月利息	累计利息
（160401）在建工程——房屋建筑物——生产用	20××年 6 月 1 日	20××年 12 月 31 日	7 060 000.00	0.50%	176 500.00	35 300.00	211 800.00
合计			7 060 000.00		176 500.00	35 300.00	211 800.00

审核：白童　　　　　　　　　　　　制表：陈立娟

　　要求：根据经济业务内容，学会编制应收利息和应付利息计算表，并根据相关票据编制会计分录。

　　▶▶▶ （三）支付长期借款利息

　　【经济业务 46】20××年 12 月 31 日，天津滨海石化有限公司支付建设银行长期借款利息 5 568 万元。

　　票据：银行业务回单如图 8－9 所示。

图 8－9　银行客户专用回单

　　要求：根据经济业务内容，学会识别相关票据信息，并根据相关票据编制会计分录。

第九章

金融资产、政府补助和资产减值核算

实训目的

通过金融资产、政府补助和资产减值核算的实训，学生能够比较系统地掌握金融资产、政府补助和资产减值会计核算的基本程序和具体方法，加深对所学专业理论知识的理解，提高实际运用能力。

实训内容

金融资产、政府补助和资产减值的核算。

实训方法

（1）线下进行现代学徒制实训指导。

（2）按岗位角色分组进行训练。

实训工具

通用记账凭证、账簿、报表、计算器等。

实训要求

（1）进行实训操作时，每位实训者必须清楚实训目的、要求，做好复习、预习，准备好相关实训资料。

（2）实训操作时，采用企业财会部门实际使用的会计凭证、账簿及有关结算单据，从实战出发，严肃认真地进行实训操作，做好实训记录。

（3）立足手工操作，实训操作者要按规定的要求书写文字、数字，填写有关凭证，登记账簿。

（4）依据提供的会计资料，以科目汇总表账务处理程序进行操作练习，加深对账务处理程序的理解。

（5）加强实训操作过程中会计资料的整理、保管。

实训注意事项

（1）实训前要认真阅读实训资料，了解实训项目的内容和基本理论知识。
（2）实训前预习与实训项目相关的理论知识。

一、金融资产核算

【经济业务47】20××年11月30日，天津滨海石化有限公司以每股10元的价格从二级市场购入中国北方稀土（集团）高科技股份有限公司股票10万股，支付价款100万元，另支付相关交易费用2万元。天津滨海石化有限公司将购入的北方稀土公司股票直接指定为以公允价值计量且其变动计入其他综合收益的金融资产核算。20××年12月31日该股票收盘价为12元。

票据：金融资产汇总表如表9-1所示。

表9-1　金融资产汇总表

编制单位：天津滨海石化有限公司　　　　20××年12月31日　　　　单位：万元

项目	取得时间	初始金额	本期金额	累计变动金额
其他权益工具投资	20××年11月30日	100.00	120.00	20.00

要求：根据经济业务内容学习编制金融资产汇总表，并根据相关票据编制会计分录。

二、政府补助核算

【经济业务48】按照国家有关政策为购置生产设备的配套环保设备可以申请补贴，以补偿其环保支出。20××年1月公司向政府有关部门提交了300万元的补助申请，作为对其购置环保设备的补贴。20××年6月15日，公司收到政府补助300万元。20××年6月20日，公司购入环保设备，使用寿命10年，采用直线法分摊与资产相关的政府补助，采用总额法核算政府补助。

票据：递延收益摊销表如表9-2所示。

表9-2　递延收益摊销表

编制单位：天津滨海石化有限公司　　　　20××年12月31日　　　　单位：元

费用名称	开始摊销月份	摊销期（月）	费用总额	本月摊销额	累计已摊销额	摊销余额
购买配套环保设备	20××年6月20日	120	3 000 000.00	25 000.00	150 000.00	2 850 000.00

要求：根据经济业务内容学会编制递延收益摊销表，并根据相关票据编制会计分录。

三、资产减值核算

【经济业务49】20××年12月31日，天津滨海石化有限公司根据应收账款账龄分析表计提坏账准备，1年以内的应收账款计提坏账比例为0.5%，1～2年的应收账款计提坏账比例为1%，2～3年的应收账款计提坏账比例为5%，3年以上的应收账款坏账计提比例为10%。

票据：应收账款账龄分析表如表9-3所示。

表9-3 应收账款账龄分析表

20××年12月31日   单位：元

账龄	期末数			年初数		
	账面余额	比例（%）	坏账准备	账面余额	比例（%）	坏账准备
1年以内	266 973 326.10	81.32	1 334 866.63	175 777 222.43	81.01	878 886.11
1至2年	41 332 933.79	12.59	413 329.34	29 249 190.94	13.48	292 491.91
2至3年	16 611 965.45	5.06	830 598.27	9 981 177.92	4.60	499 058.90
3年以上	3 381 487.04	1.03	338 148.70	1 974 537.37	0.91	197 453.74
合计	328 299 712.38	100.00	2 916 942.94	216 982 128.66	100.00	1 867 890.66

要求：根据经济业务内容，学习编制应收账款账龄分析表，并根据相关票据编制会计分录。

第十章

外币和专项储备核算

实训目的

通过外币和专项储备核算的实训，学生能够比较系统地掌握外币和专项储备会计核算的基本程序和具体方法，加深对所学专业理论知识的理解，提高实际运用能力。

实训内容

外币一般业务、外币特殊业务、外币货币性项目期末汇兑损益的认定和专项储备等的核算。

实训方法

（1）线下进行现代学徒制实训指导。

（2）按岗位角色分组进行训练。

实训工具

通用记账凭证、账簿、报表、计算器等。

实训要求

（1）进行实训操作时，每位实训者必须清楚实训目的、要求，做好复习、预习，准备好相关实训资料。

（2）实训操作时，采用企业财会部门实际使用的会计凭证、账簿及有关结算单据，从实战出发，严肃认真地进行实训操作，做好实训记录。

（3）立足手工操作，实训操作者要按规定的要求书写文字、数字，填写有关凭证，登记账簿。

（4）依据提供的会计资料，以科目汇总表账务处理程序进行操作练习，加深对账务处理程序的理解。

（5）加强实训操作过程中会计资料的整理、保管。

实训注意事项

（1）实训前要认真阅读实训资料，了解实训项目的内容和基本理论知识。

（2）实训前预习与实训项目相关的理论知识。

一、外币核算

▶▶▶ （一）外币一般业务

➢ 1. 确认外币销售收入

【经济业务 50】20××年 12 月 25 日，公司出口正丁醇产品，出口销售额（FOB价）为 9 588 357.66 美元，关单显示出口日期为 20××年 12 月 25 日，美元兑人民币即时汇率为 6.85。

票据 1：出口发票如图 10-1 所示。

TIANJIN VECTRA IMPORT AND EXPORT CO.,LTD

ADD:HUAYUAN INDUSTRIAL PARKS TIANJIN,CHINA
TEL：86-022-87654321

COMMERCIAL　INVOICE

SELLER: TIANJIN BINHAI PETROCHEMICAL CO.LTD
ADD: No.145, bohai 13th road, lingang economic zone, tianjin
TEL：022-23164485

BUYER: TECNOS FABRIC INDUSTRIAE COME(美国)
ADD: Carrera 74 NO 24 D -19
TEL: 57-1-548529423
INVOICE NO: 03819065
CONTRACT NO　　　　　　　　DATE:20××-12-31

MARKS	COMMODITY DESCRIPTION	UNIT	QUANTITY (SET)	N.W (KGS)	USD/SET (USD)	TOTAL PRICE (USD)
N/M	butyl alcohol	ton	13250	13250	723.649635	9588357.66
	TOTAL		13250	13250		9588357.66

PORT OF LOADING: FOB TIANJIN PORT
PORT OF DESTINATION: THE UNITE STATE
PACKING: IN NUDE

天津滨海石化有限公司
TIANJIN BINHAI PETROCHEMICAL CO.,LTD
冯承

图 10-1　出口发票

票据2：出库单如图10-2所示。

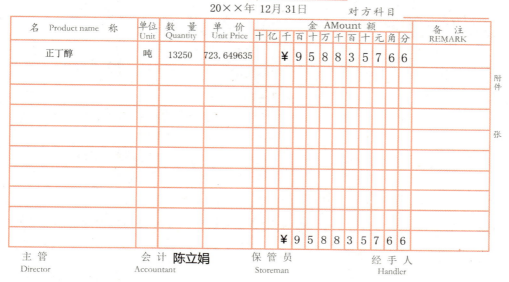

图 10-2 出库单

要求：根据经济业务内容，学习识别相关票据信息，并根据相关票据编制会计分录。

> **2. 结转出口商品成本**

【经济业务51】20××年12月31日，结转出口商品成本。

票据：库存商品结转主营业务成本明细表如表10-1所示。

表 10-1 库存商品结转主营业务成本明细表

编制单位：天津滨海石化有限公司　　　　20××年12月31日　　　　单位：元

产品名称	期初库存商品		本期转入库存商品		本期销售库存商品		月末库存	
	数量	金额	数量	金额	数量	金额	数量	金额
正丁醇	5 000.00	34 246 036.45	13 566.45	51 091 494.68	13 250.00	60 901 372.50	5 316.45	24 436 158.63
异丁醇	6 000.00	30 993 281.41	4 113.39	15 491 196.45	4 400.00	20 223 852.00	5 713.39	26 260 625.86
辛醇	8 000.00	67 183 902.52	25 181.87	108 736 417.66	20 000.00	106 034 000.00	13 181.87	69 886 320.18
蒸汽冷凝液	5 000.00	35 550.00	61 302.46	435 860.47	10 000.00	71 100.00	56 302.46	400 310.47
混合醇醛	200.00	289 622.00	2 415.66	3 498 148.64	500.00	724 055.00	2 115.66	3 063 715.64
合计	24 200.00	132 748 392.38	106 579.83	179 253 117.90	48 150.00	187 954 379.50	82 629.83	124 047 130.78

审核：白童　　　　制表：陈立娟

要求：根据经济业务内容，学习编制库存商品结转主营业务成本明细表，并根据相关票据编制会计分录（正丁醇成本）。

▶▶▶ **（二）外币特殊业务**

【经济业务52】20××年12月20日天津滨海石化有限公司结汇100万美元，银行买入价为 1 美元＝6.88 元人民币，当日即期汇率为 1 美元＝6.90 元人民币。

票据：银行业务回单如图 10-3 所示。

No. 38150274

中国建设银行
China Construction Bank

中国建设银行客户专用回单

币别：人民币　　　　　20××年12月20日　　　流水号：320170165728903467

付款人	全　称	天津滨海石化有限公司	收款人	全　称	天津滨海石化有限公司
	账　号	800108373704518072		账　号	2269001000875430
	开户行	中国银行天津琼州道支行		开户行	中国建设银行天津临港工业区分行
金　额	(大写)陆佰捌拾捌万元整				(小写)￥6880000.00
凭证种类	电子转账凭证		凭证号码		743892061554729613
结算方式	转账		用　途		卖出外币

打印柜员：002
打印机构：中国建设银行天津临港工业区分行
打印卡号：743892061554729613

(贷方回单)

中国建设银行
电子回单
专用章

打印时间：20××年12月20日　　　交易柜员：001　　　交易机构：

本回单可通过网点自助设备或建行网站校验真伪

图 10-3　银行客户专用回单

要求：根据经济业务内容，学习识别相关票据信息，并根据相关票据编制会计分录。

▶▶▶ **（三）外币期末汇兑损益**

➤ **1. 收出口退税款**

【经济业务 53】20××年 12 月 24 日，收到出口退税款。

票据：税收收入退还书如图 10-4 所示。

中华人民共和国
税收收入退还书

(国)

(161) 津国退 00158423

登记注册类型：有限责任公司　　　填发日期：20××年12月 21日　　　税务机关：国家税务总局天津市临港经济区税务局第一税务所

收款单位(人)	识别号	91120116556509482B	开户银行	中国建设银行天津临港工业区分行
	名　称	天津滨海石化有限公司	账　号	2269001000875430

退款国库　国家金库天津市临港经济区支库

预算科目			品目名称	退库性质	退库金额
编码	名称	级次			
101010300	出口货物退增值税	中央100%	工业（13%）	出口退税	473493.70

金额合计	(大写)肆拾柒万叁仟肆佰玖拾叁元柒角整	￥473493.70

税务机关		备注
国家税务总局天津市临港经济区税务局 第一税务所 ★	负责人　　填票人　　　朱华	(161) 津国税 电子税票号 00158423 主管税务局（分局） 国家税务总局天津市临港经济区税务局第一税务所
	上列款项已办妥退库手续 并划转收款单位账户 国库（银行）盖章 20××年12月21号	

妥善保管

第四联（收账通知）收款单位(人)的开户银行退收款单位(人)

图 10-4　税收收入退还书

要求：根据经济业务内容，学习识别相关票据信息，并根据相关票据编制会计分录。

➢ **2. 收到外汇**

【经济业务 54】20××年 12 月 10 日，收到 100 万美元，银行即期汇率为 1 美元＝6.86 元人民币。

票据：国际结算贷记通知如图 10－5 所示。

国际结算贷记通知
INTERNATION SETTLEMENT CREDIT ADVICE

客户号：353553942

收款人名称Beneficiary：天津滨海石化有限公司　　日期Transaction Date：　　20××-12-10

收款人账号Beneficiary A/C No.：800108373704518072
汇款人名称Remitter's Name：TECNOS FABRIC INDUSTRIAE COME（美国）

汇款行名称Remitter's Bank：Standard Chartered Bank
币种CCY：美元　　小写金额：$1000000
大写金额：美元壹佰万元整

BIC CODE：SCBL US33
汇款行地址Remitter's Address：Carrera 74 NO 24 D-19
业务种类Business Type：　　国际汇入汇款　　　　　业务编号Business Ref.No.：TI16110700008716
汇款编号Remittance Ref.No.：61-0513-794027
货币/金额CCY/AMT：$1000000　　　　　　　起息日Value Date：20××-12-10
实际买入价Trans Buying Rate：　　　　　　实际卖出价Trans Selling Rate：
基准买入价Base Buying Rate：　6.86　　　　基准卖出价Base Selling Rate：6.90
申报号码SAFE Declaration No.：120102000101170301A001
内扣货币/费用金额Included Fee CCY/AMT：
费用明细Details of Charges：SHA
发报行费Sender's Charges：
收报行费Receiver's Charges：

备注：根据国家外汇管理局规定，请于五个工作日内到我行办理国际收支涉外收入申报手续，此凭证可代兑换水单。
Note：Please come to BOC branch/outlet to compete the international payments declaration procedures within five working days according to the regulation of SAFE. This document could be used as Exchange Memo.

第二联

客户留存

交易机构：2450　　交易渠道：交易渠道　　交易流水号：354890617290786152　　经办：文晓

回单编号：　　　　　　　　　　　　　　　　　　打印时间：

图 10－5　国际结算贷记通知

要求：根据经济业务内容，学习识别相关票据信息，并根据相关票据编制会计分录。

➢ **3. 期末结转外币汇兑损益**

【经济业务 55】20××年 12 月 1 日天津滨海石化有限公司期初美元余额 300 万美元，

汇率为 1 美元＝6.85 元人民币；12 月 10 日收到美元 100 万元，当日即期汇率为 1 美元＝6.86 元人民币；12 月 20 日结汇 100 万美元，银行买入价为 1 美元＝6.88 元人民币，当日即期汇率为 1 美元＝6.90 元人民币；本月出口正丁醇产品，出口销售额（FOB 价）为 9 588 357.66 美元，关单显示出口日期为 20××年 12 月 25 日，美元兑人民币即时汇率为 6.85。20××年 12 月 31 日，银行即期汇率为 1 美元＝6.87 元人民币，月末结转汇兑损益。

票据：汇兑损益计算表如表 10-2 所示。

表 10-2　汇兑损益计算表

编制单位：天津滨海石化有限公司　　　　　　20××年 12 月 31 日　　　　　　　　单位：万美元

项目	期初	收汇	结汇	销售	期末
日期	12 月 1 日	12 月 10 日	12 月 20 日	12 月 25 日	12 月 31 日
银行存款（美元）	300（6.85）	100（6.86）	100（6.88）		300（6.87）
应收账款（美元）	100（6.85）	100（6.86）		958.835766（6.85）	958.835766（6.87）

要求：根据经济业务内容，学习编制汇兑损益计算表，并根据相关票据编制会计分录。

二、专项储备核算

▶▶▶ 〔（一）计提专项储备〕

【经济业务 56】20××年 12 月 31 日，按当月收入的 0.3％计提本月安全生产费用。

票据：专项储备汇总表如表 10-3 所示。

表 10-3　专项储备汇总表

编制单位：天津滨海石化有限公司　　　　　　20××年 12 月 31 日　　　　　　　　单位：元

项目	主营业务收入	提取比例	提取金额	费用性支出	资产性支出
专项储备	20 092 705.00	0.30％	60 278.12	0.00	226 000.00

要求：根据经济业务内容，学习编制安全生产费用计提表，并根据相关票据编制会计分录。

▶▶▶ 〔（二）购入安全设备〕

【经济业务 57】20××年 12 月 23 日，天津滨海石化有限公司从北京三和精密铸造有限公司购进生产线安全防爆通信系统一套，取得增值税专用发票一张，设备价款 200 000 元，税额 26 000 元，总价款 226 000 元，款项已通过银行支付。

票据：增值税专用发票如图 10-6 所示。

要求：根据经济业务内容，学习识别相关票据信息，并根据相关票据编制会计分录。

| 1100143350 | 北京增值税专用发票 | №01648025 | 1100143350 |
| | | | 01648025 |

开票日期：20××年12月23日

购买方	名　　称：天津滨海石化有限公司 纳税人识别号：911201165556509482B 地址、电话：天津临港经济区渤海十三路145号 022-23164485 开户行及账号：中国建设银行天津临港工业区分行 2269001000875430	密码区	/65020/9/14>7*9-40*2+8-6606* 13/507996994-96>1906783-28</ 19873>0378+<23/>88198<1*120 1*848**42+8<5704<*54893++7*9

货物或应税劳务、服务名称	规格型号	单位	数量	单价	金额	税率	税额
*公共安全设备*防爆通信系统			1	200000.00	200000.00	13%	26000.00
合　　计					¥200000.00		¥26000.00

价税合计（大写）	⊗ 贰拾贰万陆仟元整	（小写）¥226000.00

销售方	名　　称：北京三和精密铸造有限公司 纳税人识别号：91110108194608461R 地址、电话：北京市海淀区中关村南大街12号科贸2号楼416室010-62194604 开户行及账号：中国农业银行北京白石桥支行 02-150001040883368	备注	北京三和精密铸造有限公司 91110108194608461R 发票专用章

收款人：吕新　　　　　复核：张亮　　　　　开票人：张蔷　　　　　销售方：（章）

图 10-6　增值税专用发票

▶▶▶ （三）冲抵专项储备

【经济业务58】20××年12月31日，新购入固定资产安全防爆通信系统按成本冲减专项储备，并确认相同金额的累计折旧。

票据：专项储备汇总表如表10-4所示。

表 10-4　专项储备汇总表

编制单位：天津滨海石化有限公司　　　　　20××年12月31日　　　　　单位：元

项目	主营业务收入	提取比例	提取金额	费用性支出	资产性支出
专项储备	20 092 705.00	0.30％	60 278.12	0.00	226 000.00

要求：根据经济业务内容，学习编制专项储备汇总表，并根据相关票据编制会计分录。

第十一章

营业收入、营业成本和费用核算

实训目的

通过营业收入、营业成本和费用核算的实训，学生能够比较系统地掌握营业收入、营业成本和费用会计核算的基本程序和具体方法，加深对所学专业理论知识的理解，提高实际运用能力。

实训内容

营业收入、营业成本和各项费用等的核算。

实训方法

（1）线下进行现代学徒制实训指导。

（2）按岗位角色分组进行训练。

实训工具

通用记账凭证、账簿、报表、计算器等。

实训要求

（1）进行实训操作时，每位实训者必须清楚实训目的、要求，做好复习、预习，准备好相关实训资料。

（2）实训操作时，采用企业财会部门实际使用的会计凭证、账簿及有关结算单据，从实战出发，严肃认真地进行实训操作，做好实训记录。

（3）立足手工操作，实训操作者要按规定的要求书写文字、数字，填写有关凭证，登记账簿。

（4）依据提供的会计资料，以科目汇总表账务处理程序进行操作练习，加深对账务处理程序的理解。

（5）加强实训操作过程中会计资料的整理、保管。

实训注意事项

（1）实训前要认真阅读实训资料，了解实训项目的内容和基本理论知识。

（2）实训前预习与实训项目相关的理论知识。

一、营业收入核算

▶▶▶ （一）销售产品—1

【经济业务59】20××年12月20日销售部向天津市合成化工有限公司销售辛醇，金额合计114 520 000元，增值税税额合计14 887 600元，总价合计129 407 600元。（销售合同略）按销售合同约定，购买方应于收到商品二个月内支付相应账款。

票据1：出库单如图11-1所示。

出 库 单
STOCK IN　（记 账）No 03287065
20××年 12月20日　　　对方科目

名　Product name　称	单位 Unit	数　量 Quantity	单　价 Unit Price	金 Amount 额												备　注 REMARK
					十亿	千	百	十万	千	百	十	元	角	分	
辛醇	吨	20000	5726.00	¥	1	1	4	5	2	0	0	0	0	0	
				¥	1	1	4	5	2	0	0	0	0	0	

主管　Director　　　会计 陈立娟　Accountant　　　保管员　Storeman　　　经手人　Handler

附件
张

图 11-1　出库单

票据 2：增值税专用发票如图 11-2 所示。

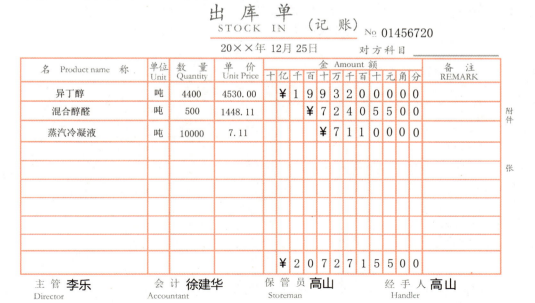

图 11-2　增值税专用发票

要求：根据经济业务内容，学习识别相关票据信息，并根据相关票据编制会计分录。

▶▶▶ 　（二）销售产品—2

【经济业务 60】20××年 12 月 25 日销售部向天津沈河化工厂销售异丁醇、辛醇、蒸汽冷凝液和混合醇醛，金额合计 20 727 155.00 元，增值税税额合计 2 694 530.15 元，总价合计 23 421 685.15 元。（销售合同略）

票据 1：出库单如图 11-3 所示。

出 库 单 （记账） No 01456720
STOCK IN

20××年 12 月 25 日　　对方科目 _____

名 Product name 称	单位 Unit	数 量 Quantity	单 价 Unit Price	金 Amount 额										备 注 REMARK
				十亿	千	百	十万	千	百	十	元	角	分	
异丁醇	吨	4400	4530.00	¥	1	9	9	3	2	0	0	0	0	
混合醇醛	吨	500	1448.11	¥		7	2	4	0	5	5	0	0	
蒸汽冷凝液	吨	10000	7.11	¥			7	1	1	0	0	0	0	
				¥	2	0	7	2	7	1	5	5	0	0

主管 李乐　　会计 徐建华　　保管员 高山　　经手人 高山
Director　　Accountant　　Storeman　　Handler

图 11-3　出库单

票据 2：增值税专用发票如图 11-4 所示。

天津增值税专用发票

1200170367　　　　　　　　　　No 01600211　　1200170367
　　　　　　　　　　　　　　　　　　　　　　　　　01600211

此联不作报销、抵扣税凭证使用

发票联　　　　　　　　　　　　开票日期：20××年12月25日

购买方	名　　称：天津沈河化工厂 纳税人识别号：91120101103442589H 地址、电话：和平区鞍山道98号 022-27216355 开户行及账号：中国农业银行天津四平道支行 02-1500010400632785	密码区	6925<<<64831*/656293-7</7-86> 8/9+3365227+-103+7>*/*79/>-* 48///+23-*20597+5*221+/+-052 4+00068*6>5+539/825-/5+4*1-7

货物或应税劳务、服务名称	规格型号	单位	数　量	单价	金　额	税率	税　额
*有机化学原料*异丁醇			4400	4530.00	19932000.00	13%	2591160.00
*有机化学原料*蒸汽冷凝液			10000	7.11	71100.00	13%	9243.00
*有机化学原料*混合醇醛			500	1448.11	724055.00	13%	94127.15
合　　计					￥20727155.00		￥2694530.15

价税合计（大写）	⊗ 贰仟叁佰肆拾贰万壹仟陆佰捌拾伍元壹角伍分	（小写）￥23421685.15

销售方	名　　称：天津滨海石化有限公司 纳税人识别号：91120116556509482B 地址、电话：天津临港经济区渤海十三路145号 022-23164485 开户行及账号：中国建设银行天津临港工业区分行 2269001000875430	备注

收款人：邓合　　　　复核：白童　　　　开票人：陈立娟　　　　销售方：（章）

图 11-4　增值税专用发票

要求：根据经济业务内容，学习识别相关票据信息，并根据相关票据编制会计分录。

二、营业成本核算

【经济业务 61】20××年 12 月 31 日，结算库存商品成本。

票据：库存商品结转主营业务成本明细表如表 11-1 所示。

表 11-1　库存商品结转主营业务成本明细表

编制单位：天津滨海石化有限公司　　　　20××年 12 月 31 日　　　　单位：元

产品名称	期初库存商品		本期转入库存商品		本期销售库存商品		月末库存	
	数量	金额	数量	金额	数量	金额	数量	金额
正丁醇	5 000.00	34 246 036.45	13 566.45	51 091 494.68	13 250.00	60 901 372.50	5 316.45	24 436 158.63
异丁醇	6 000.00	30 993 281.41	4 113.39	15 491 196.45	4 400.00	20 223 852.00	5 713.39	26 260 625.86
辛醇	8 000.00	67 183 902.52	25 181.87	108 736 417.66	20 000.00	106 034 000.00	13 181.87	69 886 320.18
蒸汽冷凝液	5 000.00	35 550.00	61 302.46	435 860.47	10 000.00	71 100.00	56 302.46	400 310.47
混合醇醛	200.00	289 622.00	2 415.66	3 498 148.64	500.00	724 055.00	2 115.66	3 063 715.64
合计	24 200.00	132 748 392.38	106 579.83	179 253 117.90	48 150.00	187 954 379.50	82 629.83	124 047 130.78

审核：白童　　　　　　　　　　　　　　　制表：陈立娟

要求：根据经济业务内容，学习编制库存商品结转主营业务成本明细表，并根据相关票据编制会计分录。

三、费用核算

▶▶▶ ┌ **（一）员工培训费** ┐

【经济业务 62】20××年 12 月 28 日，支付销售部门员工培训费 50 000 元。

票据：增值税普通发票如图 11-5 所示。

天津增值税普通发票

1200162350

No 03558112

1200162350
033558112

开票日期：20××年12月28日

购买方	名　称：天津滨海石化有限公司 纳税人识别号：91120116556509482B 地址、电话：天津临港经济区渤海十三路145号 022-23164485 开户行及账号：中国建设银行天津临港工业区分行 2269001000875430	密码区	059634766</3/-3812>><9>>828 />8+81*5<<29371-++2/-74/** *2662/4375>76</7/-16753>99< >*+9>010-/1<126182>5+984403

货物或应税劳务、服务名称	规格型号	单位	数量	单价	金额	税率	税额
*非学历教育服务*培训服务			1	47169.81	47169.81	6%	2830.19
合　　计					¥47169.81		¥2830.19

价税合计（大写）	⊗ 伍万元整	（小写）¥50000.00

销售方	名　称：天津中山培训有限公司 纳税人识别号：91120101688813498K 地址、电话：天津市和平区郑州道25号 022-27318761 开户行及账号：中国工商银行天津国际大厦支行 0302011200185469452	备注	天津中山培训有限公司 91120101688813498K 发票专用章

收款人：马坤　　　复核：信艳　　　开票人：张浩　　　销售方：（章）

图 11-5　增值税普通发票

要求：根据经济业务内容，学习识别相关票据信息，并根据相关票据编制会计分录。

▶▶▶ ┌ **（二）业务招待费** ┐

【经济业务 63】20××年 12 月 25 日，支付公司旅游费用合计 358 547.10 元。（旅游费用按人数均摊，总经办 2 人，行政部 3 人，财务部 5 人，市场部 20 人，生产管理部 15 人，生产车间 80 人）

票据：增值税普通发票如图 11-6 所示。

要求：根据经济业务内容，学习识别相关票据信息，并根据相关票据编制会计分录。

▶▶▶ ┌ **（三）广告费** ┐

【经济业务 64】20××年 12 月 31 日，支付销售部门国内参展费用 1 060 000 元。

票据：增值税普通发票如图 11-7 所示。

要求：根据经济业务内容，学习识别相关票据信息，并根据相关票据编制会计分录。

1200132140

北京增值税普通发票

No 01668116　1200132140　01668116

校验码 17539 75096 27549 21037

开票日期：20××年12月25日

购买方	名　　称：天津滨海石化有限公司 纳税人识别号：91120165556509482B 地　址、电话：天津临港经济区渤海十三路145号 022-23164485 开户行及账号：中国建设银行天津临港工业区分行 2269001000875430	密码区 74*/6-37-6<1264+<>6/0285344- 0<04+<57*61909>/+8>97/49*010 521+/*/<4*1+3072929*<53*-24* 10-21494-02322+*59/-6559/-+4

货物或应税劳务、服务名称	规格型号	单位	数量	单价	金额	税率	税额
*客商差旅服务*机票+酒店			1	338251.98	338251.98	6%	20295.12
合　　计					￥338251.98		￥20295.12

价税合计（大写）　⊗叁拾伍万捌仟伍佰肆拾柒元壹角整　　（小写）￥358547.10

销售方	名　　称：北京赫成国际旅行社有限公司 纳税人识别号：91120104300714478T 地　址、电话：北京市海淀区北下关街道皂君庙甲14号 010-62125578 开户行及账号：中国建设银行北京长河湾支行 221600261028843	备注

收款人：孙善琳　　　　复核：陈立娟　　　　开票人：崔璐　　　　销售方：（章）

图 11-6　增值税普通发票

1200132140

天津增值税专用发票

No 01668111　1200132140　01668111

开票日期：20××年12月31日

购买方	名　　称：天津滨海石化有限公司 纳税人识别号：91120165556509482B 地　址、电话：天津临港经济区渤海十三路145号 022-23164485 开户行及账号：中国建设银行天津临港工业区分行 2269001000875430	密码区 <23408><4>50909-0771><*8+252/ 626/033>1+10-3*34<5-+9<+3/4> -5<76789-->3<50/0<*<--8*82+7 48/3<5576*>3758/0740871392

货物或应税劳务、服务名称	规格型号	单位	数量	单价	金额	税率	税额
*广告服务*广告费		次	1	1000000.00	1000000.00	6%	60000.00
合　　计					￥1000000.00		￥60000.00

价税合计（大写）　⊗壹佰零陆万元整　　（小写）￥1060000.00

销售方	名　　称：北京东源展览有限公司 纳税人识别号：91110229633600654U 地　址、电话：北京市延庆区八达岭经济开发区康西路12号 010-69135569 开户行及账号：中国农业银行北京延庆八达岭支行 02-1500010400886538	备注

收款人：蔡雨　　　　复核：李春梅　　　　开票人：杨乐　　　　销售方：（章）

图 11-7　增值税普通发票

▶▶▶ （四）监测费

【经济业务65】20××年12月20日，天津滨海石化有限公司与北京浩天科技开发有限公司签订《环境监测合同》，合同不含税总金额1 024 000元。12月27日支付合同总金额的50%用于监测工作启动费用，收到北京浩天科技开发有限公司增值税专用发票，税率为6%。（环境监测合同略）

票据：增值税专用发票如图11-8所示。

图11-8 增值税专用发票

要求：根据经济业务内容，学习识别相关票据信息，并根据相关票据编制会计分录。

▶▶▶ （五）公益捐赠

【经济业务66】20××年12月5日，天津滨海石化有限公司为天津市红星海河中学捐款200 000元。

票据1：公益事业捐赠票据如图11-9所示。

票据2：银行业务回单如图11-10所示。

要求：根据经济业务内容和相关票据编制会计分录。

公 益 事 业 捐 赠 统 一 票 据

UNIFIED INVOICE OF DONATION FOR PUBLIC WELFARE

国 财 00201 No. 04501628

捐赠人 Donor: 天津滨海石化有限公司 20××年 12月 05日

捐赠项目 For purpose	实物（外币）种类 obects(Currency)	数量 Amount	金额 Total amount									
			千	百	十	万	千	百	十	元	角	分
让爱成长（e万行动）	人民币	1		¥	2	0	0	0	0	0	0	0
金额合计（小写）In Figures				¥	2	0	0	0	0	0	0	0
金额合计（大写）In Words			⊗仟⊗佰贰拾零万零仟零佰零拾零元零角零分									

第二联 收据

接受单位（盖章）Receiver's seal 复核人：陆晨 Verified by 开票人：王柏 Handling person

感谢您对公益事业的支持！Thank you for support of public welfare

图 11－9 公益事业捐赠票据

中国建设银行 China Construction Bank

中国建设银行客户专用回单

No. 92147658

币别：人民币 20××年12月05日 流水号：320170758641392075

付款人	全 称	天津滨海石化有限公司	收款人	全 称	天津红星海河中学
	账 号	2269001000875430		账 号	800108327656001444
	开户行	中国建设银行天津临港工业区分行		开户行	中国银行天津琼州道支行
金 额		(大写) 贰拾万元整	(小写) ¥200000.00		
凭证种类		电子转账凭证	凭证号码		705481639295247681
结算方式		转账	用 途		捐款
			打印柜员：001 打印机构：中国建设银行天津临港工业区分行 打印卡号：705481639295247681		

（借方回单）

本回单可通过网点自助设备或建行网站校验真伪

打印时间：20××年12月05日 交易柜员：002 交易机构：

图 11－10 银行客户专用回单

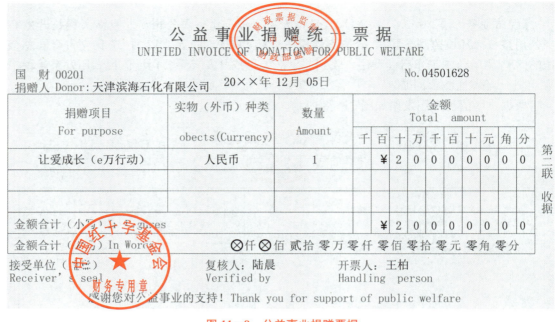

第十二章

企业所得税和所有者权益核算

实训目的

通过企业所得税和所有者权益核算的实训，学生能够比较系统地掌握企业所得税和所有者权益会计核算的基本程序和具体方法，加深对所学专业理论知识的理解，提高实际运用能力。

实训内容

递延所得税资产、递延所得税负债和所有者权益等的核算。

实训方法

（1）线下进行现代学徒制实训指导。

（2）按岗位角色分组进行训练。

实训工具

通用记账凭证、账簿、报表、计算器等。

实训要求

（1）进行实训操作时，每位实训者必须清楚实训目的、

要求，按照目的及层次的不同，做好复习、预习，准备好相关实训资料。

（2）实训操作时，采用企业财会部门实际使用的会计凭证、账簿及有关结算单据，从实战出发，严肃认真地进行实训操作，做好实训记录。

（3）立足手工操作，实训操作者要按规定的要求书写文字、数字，填写有关凭证，登记账簿。

（4）依据提供的会计资料，以科目汇总表账务处理程序进行操作练习，加深对账务处理程序的理解。

（5）加强实训操作过程中会计资料的整理、保管。

实训注意事项

（1）实训前要认真阅读实训资料，了解实训项目的内容和基本理论知识。

（2）实训前预习与实训项目相关的理论知识。

一、企业所得税核算

（一）递延所得税资产

【经济业务 67】20××年 12 月 12 日，天津滨海石化有限公司与天津市合成化工有限公司签订正丁醇产品的购销合同，预收天津市合成化工有限公司货款 500 万元，合同约定货物将于第二年 3 月发出。

票据：银行业务回单如图 12－1 所示。

中国建设银行 China Construction Bank　　No. 75391604

中国建设银行客户专用回单

币别：人民币　　20××年12月12日　　流水号：320170640785132907

付款人	全　称	天津市合成化工有限公司	收款人	全　称	天津滨海石化有限公司
	账　号	02-150001040007338		账　号	2269001000875430
	开户行	中国农业银行天津胜利支行		开户行	中国建设银行天津临港工业区分行
金　额		(大写)伍佰万元整			(小写)￥5000000.00
凭证种类		电子转账凭证	凭证号码		875642910390325718
结算方式		转账	用　途		贷款
			打印柜员：002 打印机构：中国建设银行天津临港工业区分行 打印卡号：875642910390325718		

（贷方回单）

本回单可通过网点自助设备或建行网站校验真伪

中国建设银行 电子回单专用章

打印时间：20××年12月12日　　交易柜员：001　　交易机构：

图 12－1　银行客户专用回单

要求：根据经济业务内容，学习编制递延所得税计算表，并根据相关票据编制会计分录。

【经济业务 68】20××年 12 月 12 日，天津滨海石化有限公司与天津市合成化工有限公司签订正丁醇产品的购销合同，预收天津市合成化工有限公司货款 500 万元，合同约定货物将于第二年 3 月发出，该批货物的总价款为 1 000 万元，增值税税率为 13%。税法规定，企业应在收到预收账款时确认收入，最终发货时再确认其余收入。年末，企业根据税法规定按预收账款确认递延所得税资产。

票据：递延所得税计算表如表 12 - 1 所示。

表 12 - 1　递延所得税计算表

编制单位：天津滨海石化有限公司　　　　　　20××年 12 月 31 日　　　　　　　　　　单位：元

项目	预收账款	其他综合收益	坏账准备	专项储备	合计
账面价值	5 000 000.00	666 000.00	1 049 052.28	402 782.22	7 117 834.50
计税基础					
永久性差异					
暂时性差异	5 000 000.00	666 000.00	1 049 052.28	402 782.22	7 117 834.50
递延所得税资产	750 000.00				750 000.00
递延所得税负债		99 900.00	157 357.84	60 417.33	317 675.17

要求：根据经济业务内容，学习编制递延所得税计算表，并根据相关票据编制会计分录。

▶▶▶ 〔（二）递延所得税负债〕

➤ 1. 投资性房地产

【经济业务 69】天津滨海石化有限公司自用的一幢办公楼于 20××年 12 月初对外出租，本月公允价值未发生变动，月底对该投资性房地产出租时的账面价值与公允价值的差异确认递延所得税。另外，对公司购入的可供出售金融资产公允价值变动确认递延所得税。

票据：递延所得税计算表如表 12 - 1 所示。

要求：根据经济业务内容，学习编制递延所得税计算表，并根据相关票据编制会计分录。

➤ 2. 坏账准备

【经济业务 70】20××年 12 月 31 日，天津滨海石化有限公司对应收账款补提的坏账准备确认递延所得税。

票据：递延所得税计算表如表 12 - 1 所示。

要求：根据经济业务内容，学习编制递延所得税计算表，并根据相关票据编制会计分录。

➤ 3. 专项储备

【经济业务 71】20××年 12 月 31 日，天津滨海石化有限公司对计提的安全生产费用确认递延所得税。

票据：递延所得税计算表如表 12 - 1 所示。

要求：根据经济业务内容，学习编制递延所得税计算表，并根据相关票据编制会计分录。

二、所有者权益核算

▶▶▶ （一）结转各项收入利得

【经济业务72】20××年12月31日，结转本月各项收入利得。

票据：损益结转表如表12-2所示。

表12-2　损益结转表

20××年12月31日　　　　　　　　　　　　　　　　　　　单位：元

结转理由	应转出		应转入	
	会计科目	金额	会计科目	金额
将本期收入结转到本年利润	（6001）主营业务收入	200 927 405.00	（4103）本年利润	226 927 405.00
	（6051）其他业务收入	25 000 000.00		
	（6301）营业外收入	1 000 000.00		

会计主管：　　　　　　　　　审核：　　　　　　　　　制表：

要求：根据经济业务内容，学习编制各项收入利得本期损益结转表，并根据相关票据编制会计分录。

▶▶▶ （二）结转各项成本费用损失

【经济业务73】20××年12月31日，结转本月各项成本损失。

票据：损益结转表如表12-3所示。

表12-3　损益结转表

20××年12月31日　　　　　　　　　　　　　　　　　　　单位：元

	应转出		应转入	
	会计科目	金额	会计科目	金额
将本期收入、收益转入本年利润				
将本期成本、费用结转到本年利润	（6401）主营业务成本	187 954 379.50	（4103）本年利润	193 522 970.65
	（6711）营业外支出	200 000.00		
	（660201）管理费用——房租	5 000.00		
	（660202）管理费用——清洁费	3 000.00		
	（660204）管理费用——职工教育经费	50 000.00		
	（6403）税金及附加	1 109 469.46		
	（6702）信用减值损失	1 049 052.28		
	（6103）资产处置损益	−50 000.00		
	（6062）其他收益	−25 000.00		
	（660203）管理费用——福利费	37 684.13		
	（660206）管理费用——折旧费	20 438.10		
	（660211）管理费用——手续费	50 000.00		
	（660207）管理费用——工资	99 740.00		

续表

结转理由	应转出		应转入	
	会计科目	金额	会计科目	金额
将本期成本、费用结转到本年利润	（660208）管理费用——社险	24 685.68		
	（660209）管理费用——公积金	9 874.26		
	（660210）管理费用——工会经费	1 994.80		
	（660212）管理费用——安全生产费用	602 782.22		
	（660205）管理费用——监测费	1 024 000.00		
	（660101）销售费用——福利费	75 367.50		
	（660102）销售费用——业务招待费	30 000.00		
	（660104）销售费用——折旧费	40 876.19		
	（660103）销售费用——广告费	1 000 000.00		
	（660105）销售费用——工资	145 862.90		
	（660106）销售费用——社险	36 101.06		
	（660107）销售费用——公积金	14 440.43		
	（660108）销售费用——工会经费	2 917.26		
	（660302）财务费用——利息费	292 072.00		
	（660301）财务费用——汇兑差额	−281 767.12		

会计主管：白童　　　　　　审核：白童　　　　　　制表：陈立娟

要求：根据经济业务内容，学习编制各项成本费用损失相关本期损益结转表，并根据相关票据编制会计分录。

▶▶▶ （三）结转所得税费用

【经济业务74】20××年12月31日，结转所得税费用到本年利润。

票据：损益结转表如表12−4所示。

表 12−4　损益结转表

20××年12月31日　　　　　　　　　　　　　　　　　　单位：元

结转理由	应转出		应转入	
	会计科目	金额	会计科目	金额
将本期成本、费用结转到本年利润	（6801）所得税费用	4 971 857.83	（4103）本年利润	4 971 857.83

会计主管：白童　　　　　　审核：白童　　　　　　制表：陈立娟

要求：根据经济业务内容，学习编制所得税费用相关本期损益结转表，并根据相关票据编制会计分录。

▶▶▶ （四）结转本年利润

【经济业务75】20××年12月31日，天津滨海石化有限公司将本年利润结转到利润分配。

票据：年末结转利润分配表如表12−5所示。

表 12 - 5　年末结转利润分配表

20××年 12 月 31 日

单位：元

结转理由	应转出		应转入	
	会计科目	金额	会计科目	金额
结转本年利润	（410412）利润分配——未分配利润	56 359 803.92	（4103）本年利润	56 359 803.92

会计主管：白童　　　　　　　审核：白童　　　　　　　制表：陈立娟

要求：根据经济业务内容，学习编制年末结转利润分配表，并根据相关票据编制会计分录。

▶▶▶ （五）提取盈余公积

【经济业务 76】20××年 12 月 31 日，天津滨海石化有限公司按 10%提取法定盈余公积。

票据：盈余公积计提表如表 12 - 6 所示。

表 12 - 6　年末法定盈余公积金计提表

20××年 12 月 31 日

单位：元

结转理由	应转出		应转入	
	会计科目	金额	会计科目	金额
提取法定盈余公积	（410101）盈余公积——法定盈余公积	5 635 980.39	（410412）利润分配——未分配利润	5 635 980.39

会计主管：白童　　　　　　　审核：白童　　　　　　　制表：陈立娟

要求：根据经济业务内容，学习编制年末法定盈余公积计提表，并根据相关票据编制会计分录。

依据经济业务记账凭证登记账簿，账簿主要包括现金日记账、银行存款日记账、总账和明细账。

第十三章

编制财务报表

实训目的

通过编制财务报表的实训，学生能够比较系统地掌握财务报表编制的基本程序和具体方法，加深对所学专业理论知识的理解，提高实际运用能力。

实训内容

科目汇总表、试算平衡表、资产负债表、利润表、现金流量表和所有者权益变动表的编制方法和列示。

实训方法

（1）线下专业实训室进行现代学徒制实训指导。
（2）按岗位角色分组进行训练。

实训工具

通用记账凭证、账簿、报表、计算器等。

实训要求

（1）进行实训操作时，每位实训者必须清楚实训目的、要求，按照目的及层次的不同，做好复习、预习，准备好相关实训资料。

（2）实训操作时，采用企业财会部门实际使用的会计凭证、账簿及有关结算单据，从实战出发，严肃认真地进行实训操作，做好实训记录。

（3）立足手工操作，实训操作者要按规定的要求书写文字、数字，填写有关凭证，登记账簿。

（4）依据提供的会计资料，以科目汇总表账务处理程序进行操作练习，加深对账务处理程序的理解。

（5）加强实训操作过程中会计资料的整理、保管。

实训注意事项

（1）实训前要认真阅读实训资料，了解实训项目的内容和基本理论知识。

（2）实训前预习与实训项目相关的理论知识。

一、编制科目汇总表和试算平衡表

▶▶▶ （一）编制科目汇总表

科目汇总表是根据经济业务 1 至经济业务 76 的记账凭证加以汇总编制而成的，其目的是简化总分类账的登记手续。科目汇总表格式和内容如表 13－1 所示。

表 13－1　科目汇总表

科目名称	本期发生额	
	借方	贷方
现金		
银行存款		
原材料		
材料采购		
材料成本差异		
周转材料		
预付账款		
库存商品		
长期待摊费用		
固定资产		
累计折旧		
无形资产		
累计摊销		
应收票据		
应收账款		
其他应收款		
坏账准备		
长期股权投资		
投资性房地产		
固定资产清理		

续表

科目名称	本期发生额	
	借方	贷方
可供出售金融资产		
递延所得税资产		
在建工程		
应收利息		
应交税费		
应付账款		
应付职工薪酬		
预收账款		
应付利息		
长期应付款		
递延所得税负债		
递延收益		
未确认融资费用		
短期借款		
应付票据		
其他应付款		
长期借款		
管理费用		
销售费用		
财务费用		
营业外收入		
主营业务成本		
其他业务成本		
主营业务收入		
其他业务收入		
资产处置损益		
税金及附加		
营业外支出		
资产减值损失		
其他收益		
所得税费用		
本年利润		
利润分配		
盈余公积		
专项储备		
其他综合收益		
实收资本		
资本公积		
生产成本		
制造费用		
合计		

▶▶▶ （二）编制试算平衡表

试算平衡表是根据经济业务 1 至经济业务 76 的记账凭证加以汇总编制而成的。试算平衡表既可以验算全部总分类账户发生额及期末余额是否平衡外，又可以了解该期间经济活动和预算执行的概况。另外，该表提供的数据通过必要的计算和调整，也可作为编制会计报表的重要依据。试算平衡表格式和内容如表 13－2 所示。

表 13－2　试算平衡表

科目名称	期初余额		本期发生额		期末余额	
	借方	贷方	借方	贷方	借方	贷方
现金						
银行存款						
应收票据						
应收账款						
坏账准备						
预付账款						
其他应收款						
应收利息						
原材料						
材料采购						
材料成本差异						
周转材料						
库存商品						
长期股权投资						
其他权益工具投资						
投资性房地产						
固定资产						
累计折旧						
在建工程						
无形资产						
累计摊销						
固定资产清理						
长期待摊费用						
递延所得税资产						
短期借款						
应付账款						
应付票据						
合同负债						
预收账款						
应付职工薪酬						
应交税费						
其他应付款						

续表

科目名称	期初余额		本期发生额		期末余额	
	借方	贷方	借方	贷方	借方	贷方
应付利息						
长期借款						
长期应付款						
未确认融资费用						
递延收益						
递延所得税负债						
管理费用						
销售费用						
财务费用						
营业外收入						
主营业务成本						
其他业务成本						
主营业务收入						
其他业务收入						
资产处置损益						
税金及附加						
营业外支出						
资产减值损失						
信用减值损失						
其他收益						
所得税费用						
实收资本						
资本公积						
其他综合收益						
专项储备						
本年利润						
利润分配						
盈余公积						
生产成本						
制造费用						
合计						

二、编制财务报表

▶▶▶ （一）编制资产负债表

资产负债表是根据经济业务 1 和经济业务 76 的记账凭证和"资产＝负债＋所有者权益"这一平衡公式，依照一定的分类标准和一定的次序，将资产、负债、所有者权益的具体项目予以适当的排列编制而成的。它表明企业在某一特定日期所拥有或控制的经济资源、所承担的现有义务和所有者对净资产的要求权。它是一张揭示企业在一定时点财务状况的静态报表。资产负债表的格式和内容如表 13 - 3 所示。

表 13 - 3　资产负债表

会企 01 表

编制单位：天津滨海石化有限公司　　　　　20××年 12 月　　　　　　　　　单位：元

资　产	期末余额	上年年末余额	负债和所有者权益（或股东权益）	期末余额	上年年末余额
流动资产：			流动负债		
货币资金			短期借款		
交易性金融资产			交易性金融负债		
衍生金融资产			衍生金融负债		
应收票据			应付票据		
应收账款			应付账款		
应收款项融资			预收款项		
预付款项			合同负债		
其他应收款			应付职工薪酬		
存货			应交税费		
合同资产			其他应付款		
持有待售资产			持有待售负债		
一年内到期的非流动资产			一年内到期的非流动负债		
其他流动资产			其他流动负债		
流动资产合计			流动负债合计		
非流动资产：			非流动负债		
债券投资			长期借款		
其他债券投资			应付债券		
长期应收款			其中：优先股		
长期股权投资			永续债		
其他权益工具投资			租赁负债		
其他非流动金融资产			长期应付款		
投资性房地产			预计负债		
固定资产			递延收益		
在建工程			递延所得税负债		
生产性生物资产			其他非流动负债		
油气资产			非流动负债合计		
使用权资产			负债合计		
无形资产			所有者权益（或股东权益）		
开发支出			实收资本（或股本）		
商誉			其他权益工具		
长摊待摊费用			其中：优先股		
递延所得税资产			永续债		
其他非流动资产			资本公积		

续表

资　产	期末余额	上年年末余额	负债和所有者权益（或股东权益）	期末余额	上年年末余额
非流动资产合计			减：库存股		
			其他综合收益		
			专项储备		
			盈余公积		
			未分配利润		
			所有者权益（或股东权益）合计		
资产合计			负债和所有者权益（或股东权益）总计		

▶▶▶　（二）利润表的编制

利润表是根据经济业务 1 至经济业务 76 的记账凭证中损益类科目本期发生额编制而成的。它全面揭示了企业在某一特定时期实现的各种收入，发生的各种费用、成本或支出，以及企业实现的利润或发生的亏损情况。利润表格式和内容如表 13-4 所示。

表 13-4　利润表

编制单位：天津滨海石化有限公司　　　　　20××年 12 月

会企 02 表
单位：元

项　目	本期金额	上期金额
一、营业收入		
减：营业成本		
税金及附加		
销售费用		
管理费用		
研发费用		
财务费用		
其中：利息费用		
利息收入		
加：其他收益		
投资收益（损失以"—"号填列）		
其中：对联营企业和合营企业的投资收益		
以摊余成本计量的金融资产终止确认收益（损失以"—"号填列）		
净敞口套期收益（损失以"—"号填列）		
公允价值变动收益（损失以"—"号填列）		
信用减值损失（损失以"—"号填列）		
资产减值损失（损失以"—"号填列）		
资产处置收益（损失以"—"号填列）		
二、营业利润（亏损以"—"号填列）		
加：营业外收入		
减：营业外支出		

续表

项　目	本期金额	上期金额
三、利润总额（亏损总额以"－"号填列）		
减：所得税费用		
四、净利润（净亏损总额以"－"号填列）		
（一）持续经营净利润（净亏损以"－"号填列）		
（二）终止经营净利润（净亏损以"－"号填列）		
五、其他综合收益的税后净额		
（一）不能重分类进损益的其他综合收益		
1. 重新计量设定受益计划变动额		
2. 权益法下不能转损益的其他综合收益		
3. 其他权益工具投资公允价值变动		
4. 企业自身信用风险公允价值变动		
……		
（二）将重分类进损益的其他综合收益		
1. 权益法下可转损益的其他综合收益		
2. 其他债券投资公允价值表动		
3. 金融资产重分类计入其他综合收益的金额		
4. 其他债券投资信用减值准备		
5. 现金流量套期损益的有效部分		
6. 外币财务报表折算差额		
……		
六、综合收益总额		
七、每股收益		
（一）基本每股收益		
（二）稀释每股收益		

▶▶▶　(三) 现金流量表的编制

　　现金流量表是根据经济业务 1 至经济业务 76 的记账凭证中现金或现金等价物的发生额编制而成的。它反映本期企业经营活动、投资活动和筹资活动对其现金及现金等价物所产生影响的财务报表。现金流量表格式和内容如表 13－5 所示。

表 13－5　现金流量表

会企 03 表

编制单位：天津滨海石化有限公司　　　　　　20××年 12 月　　　　　　　　单位：元

项　目	本期金额	上期金额
一、经营活动产生的现金流量		
销售商品、提供劳务收到的现金		
收到的税费返还		
收到其他与经营活动有关的现金		
经营活动现金流入小计		
购买商品、接受劳务支付的现金		

续表

项　目	本期金额	上期金额
支付给职工以及为职工支付的现金		
支付的各项税费		
支付其他与经营活动有关的现金		
经营活动现金流出小计		
经营活动产生的现金流量净额		
二、投资活动产生的现金流量		
收回投资收到的现金		
取得投资收益收到的现金		
处置固定资产、无形资产和其他长期资产收回的现金净额		
处置子公司及其他营业单位收到的现金净额		
收到其他与投资活动有关的现金		
投资活动现金流入小计		
购建固定资产、无形资产和其他长期资产支付的现金		
投资支付的现金		
取得子公司及其他营业单位支付的现金净额		
支付其他与投资活动有关的现金		
投资活动现金流出小计		
投资活动产生的现金流量净额		
三、筹资活动产生的现金流量		
吸收投资收到的现金		
取得借款收到的现金		
收到其他与筹资活动有关的现金		
筹资活动现金流入小计		
偿还债务支付的现金		
分配股利、利润或偿付利息支付的现金		
支付其他与筹资活动有关的现金		
筹资活动现金流出小计		
筹资活动产生的现金流量净额		
四、汇率变动对现金及现金等价物的影响		
五、现金及现金等价物净增加额		
加：期初现金及现金等价物余额		
六、期末现金及现金等价物余额		

▶▶▶ （四）编制所有者权益变动表

　　所有者权益变动表是根据上年所有者权益变动表和本年所有者权益的各组成部分当期的增减变动情况编制而成的。通过所有者权益变动表，既可以为报表使用者提供所有者权益总量增减变动的信息，也能为其提供所有者权益增减变动的结构性信息，特别是能够让报表使用者理解所有者权益增减变动的根源。所有者权益变动表格式和内容如表 13-6 所示。

表 13-6 所有者权益变动表

编制单位：天津滨海石化有限公司　　　　　20××年度

会企 04 表　单位：元

项　目	本年金额											上年金额										
	实收资本（或股本）	其他权益工具			资本公积	减：库存股	其他综合收益	专项储备	盈余公积	未分配利润	所有者权益合计	实收资本（或股本）	其他权益工具			资本公积	减：库存股	其他综合收益	专项储备	盈余公积	未分配利润	所有者权益合计
		优先股	永续债	其他									优先股	永续债	其他							
一、上年末余额																						
加：会计政策变更																						
前期差错更正																						
其他																						
二、本年初余额																						
三、本年增减变动金额（减少以"－"填列）																						
（一）综合收益总额																						
（二）所有者投入和减少资本																						
1. 所有者投入资本																						
2. 其他权益工具持有者投入资本																						
3. 股份支付计入所有者权益的金额																						
4. 其他																						
（三）专项储备提取和使用																						
1. 提取专项储备																						
2. 使用专项储备																						
（四）利润分配																						
1. 提取盈余公积																						
2. 对所有者（或股东）的分配																						
3. 其他																						
（五）所有者权益内部结转																						
1. 资本公积转增资本（或股本）																						
2. 盈余公积转增资本（或股本）																						
3. 盈余公积弥补亏损																						
4. 设定受益计划变动额结转留存收益																						
5. 其他综合收益结转留存收益																						
6. 其他																						
四、本年末余额																						

三、编制附注

天津滨海石化有限公司
财务报表附注

▶▶▶ （一）企业的基本情况

天津滨海石化有限公司（以下简称"本公司"）于20××年1月1日成立，注册资本100 000万元人民币；实收资本为100 000万元人民币。本公司于20××年1月25日取得天津市自由贸易试验区市场和质量监督管理局换发的统一社会信用代码91120116556509482B《营业执照》。注册地址：天津临港经济区渤海十三路145号；法定代表人：冯承。

企业所处的行业：国际贸易及相关的简单加工；代办保税仓储；商品展示展览；农用机械设备、化肥、农地膜、农副产品、日用百货、轻工产品、建材、金属材料、木材、机电设备（不含小轿车）的经营；货物及技术进出口；以上相关的咨询服务；化工产品（易燃、易爆、易制毒除外）、煤炭、焦炭、妇婴用品；预包装食品的销售；危险化学品的批发（以危险化学品经营许可证核定内容为准）。（依法须经批准的项目，经相关部门批准后方可展开经营活动）

集团总部名称：天津滨海石化有限责任公司。

本财务报表及财务报表附注业经本公司第七届董事会第十次会议决定于20××年3月30日批准报出。

营业期限：二○××年一月一日至二○××年叁月叁拾日。

▶▶▶ （二）财务报表的编制基础

（1）本财务报表按照财政部颁布的企业会计准则及其应用指南、解释及其他有关规定（统称"企业会计准则"）编制。

（2）本公司财务报表以持续经营为基础列报。

（3）本公司会计核算以权责发生制为基础。除某些金融工具外，本财务报表均以历史成本为计量基础。资产如果发生减值，则按照相关规定计提相应的减值准备。

▶▶▶ （三）重要会计政策及会计估计

本公司根据自身生产经营特点确定相关会计政策，具体会计政策如下。

➤ 1. 遵循企业会计准则的声明

本财务报表符合企业会计准则的要求，真实、完整地反映了本公司20××年12月31日的合并及公司财务状况，以及20××年度的合并及公司经营成果和合并及公司现金流量等有关信息。

➢ 2. 会计期间

本公司会计期间采用公历年度，即每年自 1 月 1 日起至 12 月 31 日止。

➢ 3. 营业周期

本公司的营业周期为 12 个月。

➢ 4. 记账本位币

本公司以人民币为记账本位币。

➢ 5. 现金及现金等价物的确定标准

现金是指库存现金以及可以随时用于支付的存款。现金等价物，是指本公司持有的期限短、流动性强、易于转换为已知金额现金、价值变动风险很小的投资。

➢ 6. 外币业务

本公司发生外币业务，按交易发生日的即期汇率折算为记账本位币金额。资产负债表日，对外币货币性项目，采用资产负债表日即期汇率折算。因资产负债表日即期汇率与初始确认时或者前一资产负债表日即期汇率不同而产生的汇兑差额，计入当期损益；对以历史成本计量的外币非货币性项目，仍采用交易发生日的即期汇率折算；对以公允价值计量的外币非货币性项目，采用公允价值确定日的即期汇率折算，折算后的记账本位币金额与原记账本位币金额的差额，计入当期损益。

➢ 7. 金融工具

金融工具是指形成一个企业的金融资产，并形成其他单位的金融负债或权益工具的合同。

本公司于成为金融工具合同的一方时确认一项金融资产或金融负债。

金融资产满足下列条件之一的，终止确认：

（1）收取该金融资产现金流量的合同权利终止。

（2）该金融资产已转移，且符合下述金融资产转移的终止确认条件：金融负债的现时义务全部或部分已经解除的，终止确认该金融负债或其中一部分。本公司（债务人）与债权人之间签订协议，以承担新金融负债方式替换现存金融负债，且新金融负债与现存金融负债的合同条款实质上不同的，终止确认现存金融负债，并同时确认新金融负债。以常规方式买卖金融资产，按交易日进行会计确认和终止确认。

本公司的金融资产于初始确认时分为以下四类：以公允价值计量且其变动计入当期损益的金融资产、持有至到期投资、贷款和应收款项、可供出售金融资产。金融资产在初始确认时以公允价值计量。对于以公允价值计量且其变动计入当期损益的金融资产，相关交易费用直接计入当期损益，其他类别的金融资产相关交易费用计入其初始确认金额。

本公司的金融负债于初始确认时分类为：以公允价值计量且其变动计入当期损益的金融负债、其他金融负债。对于未划分为以公允价值计量且其变动计入当期损益的金融负债的，相关交易费用计入其初始确认金额。

金融资产和金融负债的公允价值确定方法：

公允价值是指市场参与者在计量日发生的有序交易中，出售一项资产所能收到或者转移一项负债所需支付的价格。

本公司以公允价值计量相关资产或负债，假定出售资产或者转移负债的有序交易在相关资产或负债的主要市场进行；不存在主要市场的，本公司假定该交易在相关资产或负债的最有利市场进行。主要市场（或最有利市场）是本公司在计量日能够进入的交易市场。本公司采用市场参与者在对该资产或负债定价时为实现其经济利益最大化所使用的假设。

➢ **8. 应收款项**

本公司应收款项主要包括应收账款、长期应收款和其他应收款。本公司计提坏账准备采用个别认定法。

应收款项包括应收账款、其他应收款。

单项金额重大的判断依据或金额标准：期末余额达到 1 000 万元（含 1 000 万元）以上的应收款项为单项金额重大的应收款项。

单项金额重大并单项计提坏账准备的计提方法：对于单项金额重大的应收款项单独进行减值测试，有客观证据表明发生了减值，根据其未来现金流量现值低于其账面价值的差额计提坏账准备。单项金额重大经单独测试未发生减值的应收款项，再按组合计提坏账准备。

单项计提坏账准备的理由是涉诉款项、客户信用状况恶化的应收款项，坏账准备的计提方法是根据其未来现金流量现值低于其账面价值的差额计提坏账准备。

➢ **9. 存货**

（1）存货的分类。

本公司存货分为原材料、在产品、周转材料、库存商品、自制半成品、外购半成品、委托加工物资等。

（2）发出存货的计价方法。

本公司存货取得时按实际成本计价。原材料、在产品、库存商品、发出商品等发出时采用加权平均法计价。

（3）存货可变现净值的确定依据及存货跌价准备的计提方法。

存货可变现净值是按存货的估计售价减去至完工时估计将要发生的成本、估计的销售费用以及相关税费后的金额。在确定存货的可变现净值时，以取得的确凿证据为基础，同时考虑持有存货的目的以及资产负债表日后事项的影响。

资产负债表日，存货成本高于其可变现净值的，计提存货跌价准备。本公司通常按照单个存货项目计提存货跌价准备，资产负债表日，以前减记存货价值的影响因素已经消失的，存货跌价准备在原已计提的金额内转回。

（4）存货的盘存制度。

本公司存货盘存制度采用永续盘存制。

（5）周转材料的摊销方法。

本公司周转材料领用时采用一次转销法摊销。

➢ **10. 长期股权投资**

长期股权投资包括对子公司、合营企业和联营企业的权益性投资。本公司能够对被投资单位施加重大影响的，为本公司的联营企业。

（1）初始投资成本确定。

形成企业合并的长期股权投资：同一控制下企业合并取得的长期股权投资，在合并日按照取得被合并方所有者权益在最终控制方合并财务报表中的账面价值份额作为投资成本；非同一控制下企业合并取得的长期股权投资，按照合并成本作为长期股权投资的投资成本。

对于其他方式取得的长期股权投资：支付现金取得的长期股权投资，按照实际支付的购买价款作为初始投资成本；发行权益性证券取得的长期股权投资，以发行权益性证券的公允价值作为初始投资成本。

（2）后续计量及损益确认方法。

对子公司的投资，采用成本法核算；对联营企业和合营企业的投资，采用权益法核算。

➢ 11. 投资性房地产

投资性房地产是指为赚取租金或资本增值，或两者兼有而持有的房地产。本公司投资性房地产包括已出租的土地使用权、持有并准备增值后转让的土地使用权、已出租的建筑物。

本公司投资性房地产按照取得时的公允价值进行初始计量。

➢ 12. 固定资产

（1）固定资产确认条件。

本公司固定资产是指为生产商品、提供劳务、出租或经营管理而持有的，使用寿命超过一个会计年度的有形资产。

与该固定资产有关的经济利益很可能流入企业，并且该固定资产的成本能够可靠地计量时，固定资产才能予以确认。

本公司固定资产按照取得时的实际成本进行初始计量。

（2）各类固定资产的折旧方法。

本公司采用年限平均法计提折旧。固定资产自达到预定可使用状态时开始计提折旧，终止确认时或划分为持有待售非流动资产时停止计提折旧。在不考虑减值准备的情况下，按固定资产类别、预计使用寿命和预计残值计提折旧。

➢ 13. 在建工程

本公司在建工程成本按实际工程支出确定，包括在建期间发生的各项必要工程支出、工程达到预定可使用状态前的应予资本化的借款费用以及其他相关费用等。

在建工程在达到预定可使用状态时转入固定资产。

➢ 14. 借款费用

（1）借款费用资本化的确认原则。

本公司发生的借款费用，可直接归属于符合资本化条件的资产的购建或者生产的，予以资本化，计入相关资产成本；其他借款费用，在发生时根据其发生额确认为费用，计入当期损益。符合资本化条件的资产，是指需要经过相当长时间的购建或者生产活动才能达到预定可使用或者可销售状态的固定资产、投资性房地产和存货等资产。

（2）资本化金额计算方法。

资本化期间，是指从借款费用开始资本化时点到停止资本化时点的期间。借款费用暂停资本化的期间不包括在内。在购建或生产过程中发生非正常中断且中断时间连续超过3个月的，应当暂停借款费用的资本化。

借入专门借款，按照专门借款当期实际发生的利息费用，减去将尚未动用的借款资金存入银行取得的利息收入或进行暂时性投资取得的投资收益后的金额确定；占用一般借款按照累计资产支出超过专门借款部分的资产支出加权平均数乘以所占用一般借款的资本化率计算确定，资本化率为一般借款的加权平均利率；借款存在折价或溢价的，按照实际利率法确定每一会计期间应摊销的折价或溢价金额，调整每期利息金额。

实际利率法是根据借款实际利率计算其摊余折价或溢价或利息费用的方法。其中实际利率是借款在预期存续期间的未来现金流量，折现为该借款当前账面价值所使用的利率。

➢ **15. 无形资产**

本公司无形资产按照成本进行初始计量。购入的无形资产，按实际支付的价款和相关支出作为实际成本。投资者投入的无形资产，按投资合同或协议约定的价值确定实际成本，但合同或协议约定价值不公允的，按公允价值确定实际成本。自行开发的无形资产，其成本为达到预定用途前所发生的支出总额。

本公司无形资产后续计量方法分别为：使用寿命有限无形资产采用直线法摊销，并在年度终了，对无形资产的使用寿命和摊销方法进行复核，如与原先估计数存在差异的，进行相应的调整；使用寿命不确定的无形资产不摊销，但在年度终了，对使用寿命进行复核，当有确凿证据表明其使用寿命是有限的，则估计其使用寿命，按直线法进行摊销。

本公司将无法预见该资产为公司带来经济利益的期限，或使用期限不确定等无形资产确定为使用寿命不确定的无形资产。使用寿命不确定的判断依据为：来源于合同性权利或其他法定权利，但合同规定或法律规定无明确使用年限；综合同行业情况或相关专家论证等，仍无法判断无形资产为公司带来经济利益的期限。每年年末，对使用寿命不确定无形资产使用寿命进行复核，主要采取自下而上的方式，由无形资产使用相关部门进行基础复核，评价使用寿命不确定判断依据是否存在变化等。

内部研究开发项目的研究阶段和开发阶段具体标准，以及开发阶段支出符合资本化条件的具体标准：内部研究开发项目研究阶段的支出，于发生时计入当期损益；开发阶段的支出，满足确认为无形资产条件的转入无形资产核算。

➢ **16. 职工薪酬**

职工薪酬，是指企业为获得职工提供的服务或解除劳动关系而给予的各种形式的报酬或补偿。职工薪酬主要包括短期薪酬、离职后福利、辞退福利和其他长期职工福利。

（1）短期薪酬。

在职工为本公司提供服务的会计期间，将实际发生的短期薪酬确认为负债，并计入当期损益，其他会计准则要求或允许计入资产成本的除外。本公司发生的职工福利费，在实际发生时根据实际发生额计入当期损益或相关资产成本。职工福利费为非货币性福利的，按照公允价值计量。企业为职工缴纳的医疗保险费、工伤保险费、生育保险费等社会保险费和住房公积金，以及按规定提取的工会经费和职工教育经费，在职工提供服务的会计期间，根据规定的计提基础和计提比例计算确定相应的职工薪酬金额，并确认相应负债，计入当期损益或相关资产成本。

（2）离职后福利与辞退福利。

本公司在职工提供服务的会计期间，根据设定提存计划计算的应缴存金额确认为负债，并计入当期损益或相关资产成本。根据预期累计福利单位法确定的公式将设定受益计划产生的福利义务归属于职工提供服务的期间，并计入当期损益或相关资产成本。

本公司向职工提供辞退福利时，在下列两者孰早日确认辞退福利产生的职工薪酬负债，并计入当期损益：本公司不能单方面撤回因解除劳动关系计划或裁减建议所提供的辞退福利时；本公司确认与涉及支付辞退福利的重组相关的成本或费用时。

（3）其他长期职工福利。

本公司向职工提供的其他长期职工福利，符合设定提存计划条件的，应当按照有关设定提存计划的规定进行处理；除此之外，根据设定受益计划的有关规定，确认和计量其他长期职工福利净负债或净资产。

➢ 17. 收入

当企业与客户之间的合同同时满足下列条件时，企业应当在客户取得相关商品控制权时确认收入：

（1）合同各方已批准该合同并承诺将履行各自义务。

（2）该合同明确了合同各方与所转让商品或提供劳务（以下简称"转让商品"）相关的权利和义务。

（3）该合同有明确的与所转让商品相关的支付条款。

（4）该合同具有商业实质，即履行该合同将改变企业未来现金流量的风险、时间分布或金额。

（5）企业因向客户转让商品而有权取得的对价很可能收回。

对于不符合确认条件的合同，企业只有在不再负有向客户转让商品的剩余义务，且已向客户收取的对价无须退回时，才能将已收取的对价确认为收入；否则，应当将已收取的对价作为负债进行会计处理。没有商业实质的非货币性资产交换，不确认收入。

企业与同一客户（或该客户的关联方）同时订立或在相近时间内先后订立的两份或多份合同，在满足下列条件之一时，应当合并为一份合同进行会计处理：

（1）该两份或多份合同基于同一商业目的而订立并构成一揽子交易。

（2）该两份或多份合同中的一份合同的对价金额取决于其他合同的定价或履行情况。

（3）该两份或多份合同中所承诺的商品（或每份合同中所承诺的部分商品）构成《企业会计准则第14号——收入》第九条规定的单项履约义务。

对于在某一时段内履行的履约义务，企业应当在该段时间内按照履约进度确认收入，但是，履约进度不能合理确定的除外。对于在某一时点履行的履约义务，企业应当在客户取得相关商品控制权时点确认收入。

➤ **18. 长期待摊费用**

本公司发生的长期待摊费用按实际成本计价，并按预计受益期限平均摊销。对不能使以后会计期间受益的长期待摊费用项目，其摊余价值全部计入当期损益。

➤ **19. 政府补助**

（1）政府补助类型。

政府补助是指本公司从政府无偿取得的货币性资产或非货币性资产（但不包括政府作为所有者投入的资本），主要划分为与资产相关的政府补助和与收益相关的政府补助两类。

（2）政府补助会计处理。

与资产相关的政府补助，确认为递延收益，并在相关资产使用寿命内平均分配，计入当期损益；按照名义金额计量的政府补助，直接计入当期损益。与收益相关的政府补助，分别下列情况处理：用于补偿企业以后期间的相关费用或损失的，确认为递延收益，并在确认相关费用的期间，计入当期损益；用于补偿企业已发生的相关费用或损失的，直接计入当期损益。

（3）区分与资产相关政府补助和与收益相关政府补助的具体标准。

本公司取得的、用于购建或以其他方式形成长期资产的政府补助，确认为与资产相关的政府补助，除与资产相关的政府补助之外的政府补助，确认为与收益相关的政府补助。

（4）与政府补助相关的递延收益的摊销方法以及摊销期限的确认方法。

本公司取得的与资产相关的政府补助，确认为递延收益，自相关资产可供使用时起，按照相关资产的预计使用期限，将递延收益平均分摊转入当期损益。

（5）政府补助的确认时点。

按照应收金额计量的政府补助，在期末有确凿证据表明能够符合财政扶持政策规定的相关条件且预计能够收到财政扶持资金时予以确认。除按照应收金额计量的政府补助外的其他政府补助，在实际收到补助款项时予以确认。

➤ **20. 递延所得税资产和递延所得税负债**

（1）根据资产、负债的账面价值与其计税基础之间的差额（未作为资产和负债确认的项目按照税法规定可以确定其计税基础的，确定该计税基础为其差额），按照预期收回该资产或清偿该负债期间的适用税率计算确认递延所得税资产或递延所得税负债。

（2）递延所得税资产的确认以很可能取得用来抵扣可抵扣暂时性差异的应纳税所得额为限。资产负债表日，有确凿证据表明未来期间很可能获得足够的应纳税所得额用来抵扣可抵扣暂时性差异的，确认以前会计期间未确认的递延所得税资产。如未来期间很可能无法获得足够的应纳税所得额用以抵扣递延所得税资产的，则减记递延所得税资产的账面价值。

（3）对与子公司及联营企业投资相关的应纳税暂时性差异，确认递延所得税负债，除非本公司能够控制暂时性差异转回的时间且该暂时性差异在可预见的未来很可能不会转回。对与子公司及联营企业投资相关的可抵扣暂时性差异，当该暂时性差异在可预见的未来很可能转回且未来很可能获得用来抵扣可抵扣暂时性差异的应纳税所得额时，确认递延所得税资产。

➤ 21. 安全生产费用

本公司根据有关规定，对直接从事机械制造、交通运输的公司，采取超额累退方式逐月提取安全生产费用。

安全生产费用于提取时计入相关产品的成本或当期损益，同时记入"专项储备"科目。

提取的安全生产费按规定范围使用时，属于费用性支出的，直接冲减专项储备；形成固定资产的，先通过"在建工程"科目归集所发生的支出，待安全项目完工达到预定可使用状态时确认为固定资产；同时，按照形成固定资产的成本冲减专项储备，并确认相同金额的累计折旧。该固定资产在以后期间不再计提折旧。

本公司安全生产费用的提取标准：最低提取限度以上年度实际营业收入为年度计提依据，采取超额累退方式，按照下列标准，平均逐月提取：营业收入不超过 1 000 万元的，按照 2% 提取；营业收入超过 1 000 万元至 1 亿元的部分，按照 1% 提取；营业收入超过 1 亿元至 10 亿元的部分，按照 0.2% 提取；营业收入超过 10 亿元至 50 亿元的部分，按照 0.1% 提取；营业收入超过 50 亿元的部分，按照 0.05% 提取；上年末安全生产费用结余达到公司上年度营业收入的 5% 时，经公司生产管理室、营业管理室审核，可以缓提或少提安全生产费用。

▶▶▶ （四）主要会计政策变更、会计估计变更以及差错更正的说明

➤ 1. 重要会计政策变更

（1）财政部于 2017 年度发布了《财政部关于修订印发一般企业财务报表格式的通知》，对一般企业财务报表格式进行了修订，适用于 2017 年度及以后期间的财务报表。

（2）财政部于 2019 年度发布了财税〔2019〕36 号关于调整增值税税率的通知，自 2019 年 4 月 1 日起执行。

（3）财政部于 2018 年度发布了财税〔2018〕50 号关于对营业账簿减免印花税的通知，自 2018 年 5 月 1 日起，对按万分之五税率贴花的资金账簿减半征收印花税，对按件贴花五元的其他账簿免征印花税。

➤ 2. 重要会计估计变更

本报告期内无重要会计估计变更。

▶▶▶ （五）税项

企业涉及主要税种及税率如表 13-7 所示。

表 13-7　主要税种及税率表

税种	计税依据	税率（%）
增值税	应税收入	13、9、6
城市维护建设税	应纳流转税额	7
企业所得税	应纳税所得额	25

备注：除特别注明外，本附注金额单位均为人民币元。

参考文献

［1］企业会计准则编审委员会．企业会计准则．上海：立信会计出版社，2019．

［2］企业会计准则编审委员会．企业会计准则：应用指南．上海：立信会计出版社，2019．

［3］企业会计准则编审委员会．企业会计准则案例讲解．上海：立信会计出版社，2019．

［4］财政部会计资格评价中心．中级会计实务（2019 年度全国会计专业技术资格考试辅导教材）．北京：经济科学出版社，2020．

［5］吴强．制造业会计实账模拟．北京：北京理工大学出版社，2016．

［6］蒋泽生．基础会计模拟实训．5 版．北京：中国人民大学出版社，2019．

附录一　经济业务会计分录

一、经济业务会计分录

【经济业务 1】

借：材料采购——丙烯　　　　　　　　　　　　　　　　101 100 000

　　材料采购——精合成气　　　　　　　　　　　　　　28 600 000

　　材料采购——氢气　　　　　　　　　　　　　　　　14 960 000

　　应交税费——应交增值税——进项税额　　　　　　　18 805 800

　　贷：应付账款——壳牌华北石油集团有限公司　　　　　　163 465 800

【经济业务 2】

借：原材料——丙烯　　　　　　　　　　　　　　　　　101 125 000

　　原材料——精合成气　　　　　　　　　　　　　　　28 560 000

　　原材料——氢气　　　　　　　　　　　　　　　　　14 960 000

　　材料成本差异　　　　　　　　　　　　　　　　　　　　　15 000

　　贷：材料采购——丙烯　　　　　　　　　　　　　　　101 100 000

　　　　材料采购——精合成气　　　　　　　　　　　　　28 600 000

　　　　材料采购——氢气　　　　　　　　　　　　　　　14 960 000

【经济业务 3】

借：生产成本——基本生产成本——直接材料　　　　152 210 198.28

　　贷：原材料——丙烯　　　　　　　　　　　　　　　117 640 965.85

　　　　原材料——精合成气　　　　　　　　　　　　　22 475 449.08

　　　　原材料——氢气　　　　　　　　　　　　　　　11 912 831.51

　　　　原材料——液氮　　　　　　　　　　　　　　　　　43 527.84

　　　　原材料——三苯基膦　　　　　　　　　　　　　　　137 424.00

【经济业务 4】

借：生产成本——基本生产成本——材料成本差异　　　　36 140.10

　　贷：材料成本差异　　　　　　　　　　　　　　　　　　36 140.10

【经济业务 5】

借：制造费用——燃料及动力费　　　　　　　　　　　19 345 516.94

　　贷：长期待摊费用——燃料及动力费　　　　　　　　19 345 516.94

【经济业务 6】

借：制造费用——低值易耗品	15 000	
贷：周转材料——低值易耗品		15 000

【经济业务 7】

借：制造费用——工装费	81 000	
应交税费——应交增值税——进项税额	10 530	
贷：预付账款——北京京东世纪信息技术有限公司		91 530

【经济业务 8】

借：制造费用——劳保费	54 974.43	
应交税费——应交增值税——进项税额	7 146.68	
贷：应付账款——上海趣源纺织有限公司		62 121.11

【经济业务 9】

借：管理费用——房租	5 000	
制造费用——房租	25 000	
贷：长期待摊费用——房租		30 000

【经济业务 10】

借：管理费用——清洁费	3 000	
制造费用——清洁费	15 000	
贷：银行存款——中国建设银行天津临港工业区分行		18 000

【经济业务 11】

借：制造费用——差旅费	17 945.34	
应交税费——应交增值税——进项税额	460.24	
贷：库存现金		18 405.58

【经济业务 12】

借：制造费用——维修费	37 912.69	
应交税费——应交增值税——进项税额	4 928.65	
贷：预付账款——天津兴旺汽车维修有限公司		42 841.34

【经济业务 13】

借：制造费用——维保费	947 817.25	
贷：长期待摊费用——维保费		947 817.25

【经济业务 14】

借：管理费用——福利费	5 000	
销售费用——福利费	10 000	
制造费用——福利费	47 500	
贷：银行存款——中国建设银行天津临港工业区分行		62 500

【经济业务 15】

借：管理费用——福利费	4 000	

销售费用——福利费	8 000
制造费用——福利费	35 000
贷：银行存款——中国建设银行天津临港工业区分行	47 000

【经济业务 16】

| 借：销售费用——业务招待费 | 30 000 |
| 　贷：库存现金 | 30 000 |

【经济业务 17】

借：生产费用——基本生产成本——制造费用	26 586 997.75
贷：制造费用——燃料及动力费	19 345 516.94
制造费用——低值易耗品	15 000
制造费用——工装费	81 000
制造费用——劳保费	54 974.43
制造费用——房租	25 000
制造费用——清洁费	15 000
制造费用——差旅费	17 945.34
制造费用——维修费	37 912.69
制造费用——维保费	947 817.25
制造费用——福利费	354 995.47
制造费用——折旧费	4 265 392.47
制造费用——摊销费	1 302 796.93
制造费用——工资	90 483.88
制造费用——社险	22 394.77
制造费用——公积金	8 957.90
制造费用——工会经费	1 809.68

【经济业务 18】

借：库存商品——蒸汽冷凝液	435 860.47
库存商品——混合醇醛	3 498 148.64
贷：生产成本——基本生产成本——蒸汽冷凝液	435 860.47
生产成本——基本生产成本——混合醇醛	3 498 148.64

【经济业务 19】

借：库存商品——正丁醇	51 091 494.69
库存商品——异丁醇	15 491 196.45
库存商品——辛醇	108 736 417.67
生产成本——基本生产成本——蒸汽冷凝液	435 860.47
生产成本——基本生产成本——混合醇醛	3 498 148.64
贷：生产成本——基本生产成本——直接材料	152 210 210.01
生产成本——基本生产成本——直接人工	419 770.06

生产成本——基本生产成本——社险　76 028.61
生产成本——基本生产成本——公积金　30 411.44
生产成本——基本生产成本——工会经费　6 143.73
生产成本——基本生产成本——制造费用　26 586 997.73
生产成本——基本生产成本——材料成本差异　36 140.10

【经济业务20】
借：制造费用——折旧费　4 265 392.47
　　管理费用——折旧费　20 438.1
　　销售费用——折旧费　40 876.19
　贷：累计折旧——固定资产　4 326 706.76

【经济业务21】
借：财务费用——利息费　90 572
　贷：未确认融资费用　90 572

【经济业务22】
借：长期应付款　9 800 000
　贷：银行存款——中国建设银行天津临港工业区分行　9 800 000

【经济业务23】
借：投资性房地产　7 466 000
　　累计折旧——房租建筑物——生产用　3 000 000
　贷：固定资产——房屋建筑物——生产用　10 000 000
　　　其他综合收益　466 000

【经济业务24】
借：银行存款——中国建设银行天津临港工业区分行　27 250 000
　贷：其他业务收入　25 000 000
　　　应交税费——应交增值税——销项税额　2 250 000

【经济业务25】
借：长期股权投资——投资成本　6 000 000
　贷：银行存款——中国建设银行天津临港工业区分行　5 000 000
　　　营业外收入　1 000 000

【经济业务26】
借：制造费用——摊销费　1 302 796.93
　贷：累计摊销——丁醇生产装置尾气回收技术开发　1 259 755.26
　　　累计摊销——煤气化项目自动控制开发应用　43 041.67

【经济业务27】
借：银行存款——中国建设银行天津临港工业区分行　159 000
　　累计摊销——合成气的利用　200 000
　贷：资产处置损益　50 000

无形资产——合成气的利用	300 000
应交税费——应交增值税——销项税额	9 000

【经济业务 28】

借：固定资产清理	10 000 000
累计折旧——房屋建筑物——生产用	2 000 000
贷：固定资产——房屋建筑物——生产用	12 000 000

【经济业务 29】

借：无形资产——煤气化项目自动控制开发应用	10 090 000
银行存款——基本户——中国建设银行天津临港工业区分行	500 000
应交税费——应交增值税——进项税额	450 000
贷：固定资产清理	10 000 000
应交税费——应交增值税——销项税额	1 040 000

【经济业务 30】

借：管理费用——手续费	50 000
贷：银行存款——中国建设银行天津临港工业区分行	50 000

【经济业务 31】

借：税金及附加	3 830.94
贷：应交税费——应交环保税	3 830.94

【经济业务 32】

借：应交税费——应交城市维护建设税	6 048.78
应交税费——应交教育费附加	2 592.34
应交税费——应交地方教育附加	1 728.22
应交税费——应交印花税	76 654.87
贷：银行存款——中国建设银行天津临港工业区分行	87 024.21

【经济业务 33】

借：税金及附加	1 105 638.52
贷：应交税费——应交城市维护建设税	601 594.38
应交税费——应交教育费附加	257 826.16
应交税费——应交地方教育附加	171 884.11
应交税费——应交印花税	74 333.87

【经济业务 34】

借：应交税费——代扣代缴个人所得税	6 276.6
贷：银行存款——中国建设银行天津临港工业区分行	6 276.6

【经济业务 35】

借：所得税费用	5 504 082.66
贷：应交税费——应交企业所得税	5 504 082.66

【经济业务 36】

借：应交税费——应交增值税——转出未交增值税　　　　　　　　1 042 184.17

　　贷：应交税费——未交增值税　　　　　　　　　　　　　　　　　1 042 184.17

【经济业务 37】

借：管理费用——工资　　　　　　　　　　　　　　　　　　　　　99 740

　　销售费用——工资　　　　　　　　　　　　　　　　　　　　　145 862.90

　　生产成本——基本生产成本——直接人工　　　　　　　　　　　307 186.28

　　制造费用——工资　　　　　　　　　　　　　　　　　　　　　90 483.88

　　贷：应付职工薪酬——工资　　　　　　　　　　　　　　　　　　643 273.06

【经济业务 38】

借：管理费用——社险　　　　　　　　　　　　　　　　　　　　　24 685.68

　　销售费用——社险　　　　　　　　　　　　　　　　　　　　　36 101.06

　　生产成本——基本生产成本——社险　　　　　　　　　　　　　76 028.61

　　制造费用——社险　　　　　　　　　　　　　　　　　　　　　22 394.77

　　贷：应付职工薪酬——社险　　　　　　　　　　　　　　　　　　159 210.12

【经济业务 39】

借：生产成本——基本生产成本——公积金　　　　　　　　　　　　30 411.44

　　制造费用——公积金　　　　　　　　　　　　　　　　　　　　8 957.90

　　管理费用——公积金　　　　　　　　　　　　　　　　　　　　9 874.26

　　销售费用——公积金　　　　　　　　　　　　　　　　　　　　14 440.43

　　贷：应付职工薪酬——公积金　　　　　　　　　　　　　　　　　63 684.03

【经济业务 40】

借：管理费用——工会经费　　　　　　　　　　　　　　　　　　　1 994.80

　　销售费用——工会经费　　　　　　　　　　　　　　　　　　　2 917.26

　　生产成本——基本生产成本——工会经费　　　　　　　　　　　6 143.73

　　制造费用——工会经费　　　　　　　　　　　　　　　　　　　1 809.68

　　贷：应付职工薪酬——工会经费　　　　　　　　　　　　　　　　12 865.47

【经济业务 41】

借：应付职工薪酬——社险　　　　　　　　　　　　　　　　　　　159 210.12

　　其他应收款——社险　　　　　　　　　　　　　　　　　　　　60 789.31

　　贷：银行存款——中国建设银行天津临港工业区分行　　　　　　　219 999.43

【经济业务 42】

借：应付职工薪酬——公积金　　　　　　　　　　　　　　　　　　63 684.03

　　其他应收款——公积金　　　　　　　　　　　　　　　　　　　63 684.03

　　贷：银行存款——中国建设银行天津临港工业区分行　　　　　　　127 368.06

【经济业务 43】

借：应付职工薪酬——工资　　　　　　　　　　　　　　　　　　　643 273.06

貸：其他应收款——公积金 　　　　　　　　　　　　63 684.03

　　其他应收款——社险 　　　　　　　　　　　　　60 789.31

　　银行存款——中国建设银行天津临港工业区分行 　512 523.12

　　应交税费——代扣代交个人所得税 　　　　　　　　6 276.60

【经济业务 44】

借：财务费用——利息费 　　　　　　　　　　201 500

　　貸：应付利息——短期借款 　　　　　　　　　　　201 500

【经济业务 45】

借：在建工程——房屋建筑物——生产用 　　2 035 300

　　应收利息 　　　　　　　　　　　　　　　　35 300

　　貸：应付利息——长期借款 　　　　　　　　　　2 070 600

【经济业务 46】

借：应付利息 　　　　　　　　　　　　　55 680 000

　　貸：银行存款——中国建设银行天津临港工业区分行 　55 680 000

【经济业务 47】

借：其他权益工具投资——公允价值变动 　　200 000

　　貸：其他综合收益 　　　　　　　　　　　　　　　200 000

【经济业务 48】

借：递延收益 　　　　　　　　　　　　　　25 000

　　貸：其他收益 　　　　　　　　　　　　　　　　　25 000

【经济业务 49】

借：信用减值损失 　　　　　　　　　　1 049 052.28

　　貸：坏账准备 　　　　　　　　　　　　　　　1 049 052.28

【经济业务 50】

借：应收账款——TFIC 　　　　　　　　9 588 357.66

　　貸：主营业务收入——正丁醇 　　　　　　　　9 588 357.66

【经济业务 51】

借：主营业务成本 　　　　　　　　　　60 901 372.5

　　貸：库存商品——正丁醇 　　　　　　　　　　60 901 372.5

【经济业务 52】

借：财务费用——汇兑差额 　　　　　　　　20 000

　　貸：银行存款——中国建设银行天津临港工业区分行 　20 000

【经济业务 53】

借：银行存款——中国建设银行天津临港工业区分行 　473 493.7

　　貸：其他应收款——应收补贴款 　　　　　　　　　473 493.7

【经济业务 54】

借：银行存款——美元户 　　　　　　　　6 860 000

贷：应收账款——CPTDC	6 860 000

【经济业务 55】

借：财务费用——汇兑差额	301 767.12
贷：银行存款——美元户	100 000
应收账款——CPTDC	201 767.12

【经济业务 56】

借：管理费用——安全生产费用	60 278.12
贷：专项储备——安全生产费用	60 278.12

【经济业务 57】

借：固定资产——防爆通信系统	200 000
应交税费——应交增值税——进项税额	26 000
贷：银行存款——中国建设银行天津临港工业区分行	226 000

【经济业务 58】

借：专项储备——安全生产费用	200 000
贷：累计折旧——安全生产费用	200 000

【经济业务 59】

借：银行存款——中国建设银行天津临港工业区分行	77 112 033.4
应收账款——天津市合成化工有限公司	52 295 566.6
贷：主营业务收入——辛醇	114 520 000
应交税费——应交增值税——销项税额	14 887 600

【经济业务 60】

借：合同负债——天津沈河化工厂	23 421 685.15
贷：主营业务收入——异丁醇	19 932 000
主营业务收入——蒸汽冷凝液	71 100
主营业务收入——混合醇醛	724 055
应交税费——应交增值税——销项税额	2 694 530.15

【经济业务 61】

借：主营业务成本	187 954 379.5
贷：库存商品——异丁醇	20 223 852
库存商品——辛醇	106 034 000
库存商品——蒸汽冷凝液	71 100
库存商品——混合醇醛	724 055
库存商品——正丁醇	60 901 372.5

【经济业务 62】

借：管理费用——职工教育经费	50 000
贷：银行存款——中国建设银行天津临港工业区分行	50 000

【经济业务 63】

借：管理费用——福利费	28 684.13

销售费用——福利费	57 367.5
制造费用——福利费	272 495.47
贷：银行存款——中国建设银行天津临港工业区分行	358 547.1

【经济业务 64】

借：销售费用——广告费	1 000 000
应交税费——应交增值税——进项税额	60 000
贷：银行存款——中国建设银行天津临港工业区分行	1 060 000

【经济业务 65】

借：管理费用——监测费	1 024 000
应交税费——应交增值税——进项税额	61 440
贷：银行存款——中国建设银行天津临港工业区分行	512 000
应付账款——北京浩天科技开发公司	573 440

【经济业务 66】

借：营业外支出	200 000
贷：银行存款——中国建设银行天津临港工业区分行	200 000

【经济业务 67】

借：银行存款——中国建设银行天津临港工业区分行	5 000 000
贷：合同负债——天津市合成化工有限公司	5 000 000

【经济业务 68】

借：递延所得税资产	750 000
贷：所得税费用	750 000

【经济业务 69】

借：其他综合收益	99 900
贷：递延所得税负债	99 900

【经济业务 70】

借：所得税费用	157 357.84
贷：递延所得税负债	157 357.84

【经济业务 71】

借：所得税费用	60 417.33
贷：递延所得税负债	60 417.33

【经济业务 72】

借：主营业务收入——结转	200 927 405
其他业务收入	25 000 000
营业外收入	1 000 000
贷：本年利润	226 927 405

【经济业务 73】

借：本年利润	193 522 970.65
资产处置损益	50 000

其他收益	25 000
贷：主营业务成本	187 954 379.5
营业外支出	200 000
管理费用——房租	5 000
管理费用——清洁费	3 000
管理费用——职工教育经费	50 000
税金及附加	1 109 469.46
信用减值损失	1 049 052.28
管理费用——福利费	37 684.13
管理费用——折旧费	20 438.1
管理费用——手续费	50 000
管理费用——工资	99 740
管理费用——社险	24 685.68
管理费用——公积金	9 874.26
管理费用——工会经费	1 994.8
管理费用——安全生产费用	602 782.22
管理费用——监测费	1 024 000
销售费用——福利费	75 367.5
销售费用——业务招待费	30 000
销售费用——折旧费	40 876.19
销售费用——广告费	1 000 000
销售费用——工资	145 862.9
销售费用——社险	36 101.06
销售费用——公积金	14 440.43
销售费用——工会经费	2 917.26
财务费用——利息费	292 072
财务费用——汇兑差额	281 767.12

【经济业务 74】

借：本年利润	4 971 857.83
贷：所得税费用	4 971 857.83

【经济业务 75】

借：本年利润	56 359 803.92
贷：利润分配——未分配利润	56 359 803.92

【经济业务 76】

借：利润分配——未分配利润	5 635 980.39
贷：盈余公积——法定盈余公积	5 635 980.39

二、账簿

▶▶▶ （一）现金日记账

现金日记账如附表1所示。

附表1　现金日记账

20××年		经济业务		对方科目	摘　要	借　方	贷　方	借或贷	余　额	√
月	日	字	号							
12	1				期初余额			借	50 000.00	
12	21		11	制造费用	生产车间报销差旅费		18 405.58	借	31 594.42	
12	25		16	销售费用	支付业务招待费		30 000.00	借	1 594.42	
					本月合计		48 405.58	借	1 594.42	
					本年累计	…	…	借	1 594.42	
					结转下年					

▶▶▶ （二）银行日记账

银行存款日记账如附表2和附表3所示。

附表2　银行存款日记账

开户银行：中国建设银行天津临港工业区分行
账号：2269001000875430

20××年		经济业务		对方科目	摘　要	借　方	贷　方	借或贷	余　额	√
月	日	字	号							
12	1				期初余额			借	751 858 972.69	
12	1		29		收取资产交换差价	500 000.00		借	752 358 972.69	
12	1		30		支付过户手续费		50 000.00	借	752 308 972.69	
12	5		66	营业外支出	支付捐赠费		200 000.00	借	752 108 972.69	
12	6		32		缴纳上月附加税		87 024.21	借	752 021 948.48	
12	6		34		缴纳个税		6 276.60	借	752 015 671.88	
12	6		43		支付11月工资		512 523.12	借	751 503 148.76	
12	8		14		支付员工体检费		62 500.00	借	751 440 648.76	

续表

20××年		经济业务		对方科目	摘　要	借　方	贷　方	借或贷	余　额	√
月	日	字	号							
12	12		25		支付长期投资款项		5 000 000.00	借	746 440 648.76	
12	12		27		收取出售专利款项	159 000.00		借	746 599 648.76	
12	12		67	合同负债	预收天津合成货款	5 000 000.00		借	751 599 648.76	
12	20		52		结汇	6 880 000.00		借	758 479 648.76	
12	20		59		销售辛醇	77 112 033.40		借	835 591 682.16	
12	21		10		支付清洁费		18 000.00	借	835 573 682.16	
12	23		57		购进防爆通信系统		226 000.00	借	835 347 682.16	
12	24		53	其他应收款	收出口退税款	473 493.70		借	835 821 175.86	
12	25		63		支付公司旅游费用		358 547.10	借	835 462 628.76	
12	27		65	管理费用	支付监测费		512 000.00	借	834 950 628.76	
12	28		62		支付职工教育经费		50 000.00	借	834 900 628.76	
12	30		15		支付员工聚餐费		47 000.00	借	834 853 628.76	
					过次页	90 124 527.10	7 129 871.03	借	834 853 628.76	

20××年		经济业务		对方科目	摘　要	借　方	贷　方	借或贷	余　额	√
月	日	字	号							
					承前页	90 124 527.10	7 129 871.03	借	834 853 628.76	
12	31		22		支付长期应付款		9 800 000.00	借	825 053 628.76	
12	31		24		收取租金	27 250 000.00		借	852 303 628.76	
12	31		41		缴纳社险		219 999.43	借	852 083 629.33	
12	31		42		缴纳公积金		127 368.06	借	851 956 261.27	
12	31		46		支付长期借款利息		55 680 000.00	借	796 276 261.27	
12	31		64	销售费用	支付广告费		1 060 000.00	借	795 216 261.27	
					本月合计	117 374 527.10	74 017 238.52	借	795 216 261.27	
					本年累计	…	…	借	795 216 261.27	
					结转下年					

附表 3　银行存款日记账（外币）
BANK JOURNAL (FOR. CY.)

开户银行：中国银行天津琼州道支行
账号：8001083737045180000

外币名称：美元　FOR.CY. $

20××年 月	日	经济业务 字	号	对方科目	摘要	借方 DEBIT 外币	汇率	人民币	贷方 CREDIT 外币	汇率	人民币	借或贷	余额 BALANCE 外币	汇率	人民币	√
12	1				期初余额							借	3 000 000.00	6.8500	20 550 000.00	
12	10		54	应收账款	收汇	1 000 000.00	6.86	6 860 000.00				借	4 000 000.00	6.8525	27 410 000.00	
12	20		52	财务费用	结汇				1 000 000.00	6.90	6 900 000.00	借	3 000 000.00	6.8367	20 510 000.00	
12	31		55	财务费用	结转汇兑损益		6.87	100 000.00				借	3 000 000.00	6.8700	20 610 000.00	
					本月合计	1 000 000.00		6 960 000.00	1 000 000.00		6 900 000.00	借	3 000 000.00			
					本年累计	...		...	...		...	借	3 000 000.00			
					结转下年											

▶▶▶ （三）明细账（以 T 形账代替）

➤ 1. 资产类科目明细账

➤ 2. 负债类科目明细账

➤ 3. 所有者权益类科目明细账

➤ 4. 成本类科目明细账

➤ 5. 损益类科目明细账

▶▶▶ （四）总账（以 T 形账代替）

➤ 1. 资产类科目总账

> 2. 负债类科目总账

> 3. 所有者权益类科目总账

> 4. 成本类科目总账

> 5. 损益类科目总账

三、财务报表

▶▶▶ （一）科目汇总表和试算平衡表

科目汇总表和试算平衡表如附表4和附表5所示。

附表4　科目汇总表

科目名称	本期发生额	
	借方	贷方
现金		48 405.58
银行存款	124 334 527.10	80 917 238.52
应收票据		
应收账款	118 177 583.72	6 860 000.00
坏账准备		1 049 052.28
预付账款		134 371.34

续表

科目名称	本期发生额	
	借方	贷方
其他应收款	124 473.34	597 967.04
应收利息	35 300.00	
原材料	144 645 000.00	152 210 210.01
材料采购	144 660 000.00	144 660 000.00
材料成本差异	15 000.00	36 140.10
周转材料		15 000.00
库存商品	179 253 117.92	187 954 379.50
其他权益工具投资	200 000.00	
长期股权投资	6 000 000.00	
投资性房地产	7 466 000.00	
固定资产	200 000.00	22 000 000.00
累计折旧	5 000 000.00	4 526 706.76
在建工程	2 035 300.00	
无形资产	10 090 000.00	300 000.00
累计摊销	200 000.00	1 302 796.93
固定资产清理	10 000 000.00	10 000 000.00
长期待摊费用		20 323 334.19
递延所得税资产	750 000.00	
短期借款		
应付账款		164 101 361.11
应付票据		
合同负债	23 421 685.15	5 000 000.00
应付职工薪酬	866 167.21	879 032.68
应交税费	20 561 790.55	28 543 143.04
其他应付款		
应付利息	55 680 000.00	2 272 100.00
长期借款		
长期应付款	9 800 000.00	
未确认融资费用		90 572.00
递延收益	25 000.00	
递延所得税负债		317 675.17
管理费用	1 929 199.19	1 929 199.19
销售费用	1 345 565.34	1 345 565.34
财务费用	10 304.88	10 304.88

续表

科目名称	本期发生额	
	借方	贷方
营业外收入	1 000 000.00	1 000 000.00
主营业务成本	187 954 379.50	187 954 379.50
其他业务成本		
主营业务收入	200 927 405.00	200 927 405.00
其他业务收入	25 000 000.00	25 000 000.00
资产处置损益	50 000.00	50 000.00
税金及附加	1 109 469.46	1 109 469.46
营业外支出	200 000.00	200 000.00
信用减值损失	1 049 052.28	1 049 052.28
其他收益	25 000.00	25 000.00
所得税费用	5 721 857.83	5 721 857.83
实收资本		
资本公积		
其他综合收益	99 900.00	666 000.00
专项储备	200 000.00	602 782.22
本年利润	254 854 632.40	226 927 405.00
利润分配	5 635 980.39	56 359 803.92
盈余公积		5 635 980.39
生产成本	179 269 223.54	179 269 223.54
制造费用	26 590 662.33	26 590 662.33
合计	1 756 513 577.12	1 756 513 577.12

附表 5　试算平衡表

科目名称	期初余额		本期发生额		期末余额	
	借方	贷方	借方	贷方	借方	贷方
现金	50 000.00			48 405.58	1 594.42	
银行存款	772 408 972.69		124 334 527.10	80 917 238.52	815 826 261.27	
应收票据	59 175 750.24				59 175 750.24	
应收账款	216 982 128.66		118 177 583.72	6 860 000.00	328 299 712.38	
坏账准备		1 851 948.16		1 049 052.28		2 901 000.44
预付账款	36 339 386.88			134 371.34	36 205 015.54	
其他应收款	473 493.70		124 473.34	597 967.04		
应收利息			35 300.00		35 300.00	
原材料	32 750 557.50		144 645 000.00	152 210 210.01	25 185 347.49	
材料采购			144 660 000.00	144 660 000.00		
材料成本差异		57 120.00	15 000.00	36 140.10		78 260.10
周转材料	24 142 713.09			15 000.00	24 127 713.09	
库存商品	67 225 061.90		179 253 117.92	187 954 379.50	58 523 800.32	
长期股权投资			6 000 000.00		6 000 000.00	

续表

科目名称	期初余额		本期发生额		期末余额	
	借方	贷方	借方	贷方	借方	贷方
其他权益工具投资	1 000 000.00		200 000.00		1 200 000.00	
投资性房地产	134 400 000.00		7 466 000.00		141 866 000.00	
固定资产	1 432 912 930.00		200 000.00	22 000 000.00	1 411 112 930.00	
累计折旧		436 997 382.76	5 000 000.00	4 526 706.76		436 524 089.52
在建工程	2 311 794 460.68		2 035 300.00		2 313 829 760.68	
无形资产	332 875 389.52		10 090 000.00	300 000.00	342 665 389.52	
累计摊销		119 876 749.70	200 000.00	1 302 796.93		120 979 546.63
固定资产清理			10 000 000.00	10 000 000.00		
长期待摊费用	187 147 789.67			20 323 334.19	166 824 455.48	
递延所得税资产	1 270 977.96		750 000.00		2 020 977.96	
短期借款		40 300 000.00				40 300 000.00
应付账款		1 973 028 721.05		164 101 361.11		2 137 130 082.16
应付票据		100 000 000.00				100 000 000.00
合同负债		59 309 621.87	23 421 685.15	5 000 000.00		40 887 936.72
预收账款						
应付职工薪酬		25 730.92	866 167.21	879 032.68		38 596.39
应交税费	34 450 284.80	35 562 209.08	20 561 790.55	28 543 143.04		9 093 276.77
其他应付款		215 136 274.85				215 136 274.85
应付利息		63 741 500.00	55 680 000.00	2 272 100.00		10 333 600.00
长期借款		207 060 000.00				207 060 000.00
长期应付款		279 385 893.26	9 800 000.00			269 585 893.26
未确认融资费用	889 306.00			90 572.00	798 734.00	
递延收益		450 000.00	25 000.00			425 000.00
递延所得税负债				317 675.17		317 675.17
管理费用			1 929 199.19	1 929 199.19		
销售费用			1 345 565.34	1 345 565.34		
财务费用			10 304.88	10 304.88		
营业外收入			1 000 000.00	1 000 000.00		
主营业务成本			187 954 379.50	187 954 379.50		
其他业务成本						
主营业务收入			200 927 405.00	200 927 405.00		
其他业务收入			25 000 000.00	25 000 000.00		
资产处置损益			50 000.00	50 000.00		
税金及附加			1 109 469.46	1 109 469.46		
营业外支出			200 000.00	200 000.00		
资产减值损失			1 049 052.28	1 049 052.28		
信用减值损失						
其他收益			25 000.00	25 000.00		

续表

科目名称	期初余额		本期发生额		期末余额	
	借方	贷方	借方	贷方	借方	贷方
所得税费用			5 721 857.83	5 721 857.83		
实收资本		1 000 000 000.00				1 000 000 000.00
资本公积		1 039 859 908.64				1 039 859 908.64
其他综合收益		679 320.00	99 900.00	666 000.00		1 245 420.00
专项储备			200 000.00	602 782.22		402 782.22
本年利润		27 927 227.40	254 854 632.40	226 927 405.00		
利润分配		37 722 319.20	5 635 980.39	56 359 803.92		88 446 142.73
盈余公积		7 317 276.40		5 635 980.39		12 953 256.79
生产成本			179 269 223.54	179 269 223.54		
制造费用			26 590 662.33	26 590 662.33		
合计	5 646 289 203.29	5 646 289 203.29	1 756 513 577.12	1 756 513 577.12	5 733 698 742.39	5 733 698 742.39

▶▶▶ 　（二）财务报表

资产负债表如附表 6 所示。

附表 6　资产负债表

编制单位：天津滨海石化有限公司　　　　20××年12月　　　　会企 01 表
单位：元

资　产	上年年末余额	期末余额	负债和所有者权益 （或股东权益）	上年年末余额	期末余额
流动资产			流动负债		
货币资金	744 531 745.29	815 827 855.69	短期借款	40 300 000.00	40 300 000.00
交易性金融资产			交易性金融负债		
衍生金融资产			衍生金融负债		
应收票据	59 175 750.24	59 175 750.24	应付票据	100 000 000.00	100 000 000.00
应收账款	215 130 180.50	325 398 711.94	应付账款	1 973 028 721.05	2 137 130 082.16
应收款项融资			预收款项		
预付款项	36 339 386.88	36 205 015.54	合同负债	59 309 621.87	40 887 936.72
其他应收款	473 493.70	35 300.00	应付职工薪酬	25 730.92	38 596.39
存货	124 061 212.49	107 758 600.80	应交税费	1 111 924.28	9 093 276.77
合同资产			其他应付款	278 877 774.85	225 469 874.85
持有待售资产			持有待售负债		
一年内到期的非 流动资产			一年内到期的非 流动负债		
其他流动资产			其他流动负债	450 000.00	425 000.00
流动资产合计	1 179 711 769.10	1 344 401 234.21	流动负债合计	2 453 103 772.97	2 553 344 766.89
非流动资产			非流动负债		
债券投资			长期借款	207 060 000.00	207 060 000.00
其他债券投资			应付债券		

续表

资 产	上年年末余额	期末余额	负债和所有者权益（或股东权益）	上年年末余额	期末余额
长期应收款			其中：优先股		
长期股权投资		6 000 000.00	永续债		
其他权益工具投资	1 000 000.00	1 200 000.00	租赁负债		
其他非流动金融资产			长期应付款	278 496 587.26	268 787 159.26
投资性房地产	134 400 000.00	141 866 000.00	预计负债		
固定资产	995 915 547.24	974 588 840.48	递延收益		
在建工程	2 311 794 460.68	2 313 829 760.68	递延所得税负债		317 675.17
生产性生物资产			其他非流动负债		
油气资产			非流动负债合计	485 556 587.26	476 164 834.43
使用权资产			负债合计	2 938 660 360.23	3 029 509 601.32
无形资产	212 998 639.82	221 685 842.89	所有者权益（或股东权益）		
开发支出			实收资本（或股本）	1 000 000 000.00	1 000 000 000.00
商誉			其他权益工具		
长摊待摊费用	187 147 789.67	166 824 455.48	其中：优先股		
递延所得税资产	1 270 977.96	2 020 977.96	永续债		
其他非流动资产			资本公积	1 039 859 908.64	1 039 859 908.64
非流动资产合计	3 844 527 415.37	3 828 015 877.49	减：库存股		
			其他综合收益	679 320.00	1 245 420.00
			专项储备		402 782.22
			盈余公积	7 317 276.40	12 953 256.79
			未分配利润	37 722 319.20	88 446 142.73
			所有者权益（或股东权益）合计	2 085 578 824.24	2 142 907 510.38
资产合计	5 024 239 184.47	5 172 417 111.70	负债和所有者权益（或股东权益）总计	5 024 239 184.47	5 172 417 111.70

利润表如附表 7 所示。

附表 7 利润表

编制单位：天津滨海石化有限公司　　20××年 12 月　　会企 02 表　单位：元

项 目	本期金额	上期金额
一、营业收入	225 927 405.00	
减：营业成本	187 954 379.50	
税金及附加	1 109 469.46	
销售费用	1 345 565.34	
管理费用	1 929 199.19	
研发费用		

续表

项　目	本期金额	上期金额
财务费用	10 304.88	
其中：利息费用		
利息收入		
加：其他收益	25 000.00	
投资收益（损失以"－"号填列）		
其中：对联营企业和合营企业的投资收益		
以摊余成本计量的金融资产终止确认收益（损失以"－"号填列）		
净敞口套期收益（损失以"－"号填列）		
公允价值变动收益（损失以"－"号填列）		
信用减值损失（损失以"－"号填列）	－1 049 052.28	
资产减值损失（损失以"－"号填列）		
资产处置收益（损失以"－"号填列）	50 000.00	
二、营业利润（亏损以"－"号填列）	32 604 434.35	
加：营业外收入	1 000 000.00	
减：营业外支出	200 000.00	
三、利润总额（亏损总额以"－"号填列）	33 404 434.35	
减：所得税费用	5 721 857.83	
四、净利润（净亏损以"－"号填列）	27 682 576.52	
（一）持续经营净利润（净亏损以"－"号填列）		
（二）终止经营净利润（净亏损以"－"号填列）		
五、其他综合收益的税后净额		
（一）不能重分类进损益的其他综合收益		
1. 重新计量设定受益计划变动额		
2. 权益法下不能转损益的其他综合收益		
3. 其他权益工具投资公允价值变动		
4. 企业自身信用风险公允价值变动		
……		
（二）将重分类进损益的其他综合收益		
1. 权益法下可转损益的其他综合收益		
2. 其他债券投资公允价值变动		
3. 金融资产重分类计入其他综合收益的金额		
4. 其他债券投资信用减值准备		
5. 现金流量套期损益的有效部分		
6. 外币财务报表折算差额		
……		
六、综合收益总额		
七、每股收益		
（一）基本每股收益		
（二）稀释每股收益		

四、现金流量表

▶▶▶ ⌐ （一）现金流量表编制底稿 ⌐

➤ 1. 经营活动产生的现金流量

（1）"销售商品、提供劳务收到的现金"项目：

销售辛醇 80 547 633.40 元；

收到外币应收账款 6 860 000 元；

预收货款 5 000 000 元。

（2）"收到的其他与经营活动有关的现金"项目：

收取投资性房地产租金 27 500 000 元；

收到出口退税款 473 493.70 元；

卖出外币 6 880 000 元。

（3）"支付给职工以及为职工支付的现金"项目：

支付员工体检费 62 500 元；

支付元旦员工聚餐费 47 000 元；

支付职工教育经费 50 000 元；

支付公司旅游费用 358 547.10 元；

支付 11 月工资 513 005.05 元；

缴纳 12 月社险 246 051.94 元；

缴纳 12 月公积金 127 368.06 元。

（4）"支付的各项税费"项目：

缴纳上月附加税 204 888.33 元；

缴纳个税 5 794.66 元。

（5）"支付的其他与经营活动有关的现金"项目：

结算本月外包清洁费 19 080 元；

支付生产车间差旅费 17 945.34 元；

支付业务招待费 30 000 元；

支付广告费 1 060 000 元；

支付监测机构费用 512 000 元；

给希望小学捐款 200 000 元；

卖出外币 6 900 000 元。

➤ 2. 投资活动产生的现金流量

（1）"处置固定资产、无形资产和其他长期资产所收回的现金净额"项目：

出售无形资产 159 000 元；

换入无形资产 500 000 元；

（2）"购建固定资产、无形资产和其他长期资产所支付的现金"项目：

购进防爆通信系统 232 000 元。

（3）"投资所支付的现金"项目：

长期股权投资初始投资成本 5 000 000 元。

（4）"支付的其他与投资活动有关的现金"项目：

无形资产过户手续费 50 000 元。

➤ **3. 筹资活动产生的现金流量**

（1）"偿还债务所支付的现金"项目：

偿还长期应付款 9 800 000 元。

（2）"分配股利、利润或偿还利息所支付的现金"项目：

支付长期借款利息费 55 680 000 元。

➤ **4. 汇率变动对现金及现金等价物的影响**

结转汇兑损益 100 000 元。

▶▶▶ **（二）现金流量表**

现金流量表如附表 8 所示。

附表 8　现金流量表

编制单位：天津滨海石化有限公司　　　　20××年12月

会企 03 表
单位：元

项　目	本期金额	上期金额
一、经营活动产生的现金流量		
销售商品、提供劳务收到的现金	89 072 033.40	
收到的税费返还		
收到其他与经营活动有关的现金	27 723 493.70	
经营活动现金流入小计	116 795 527.10	
购买商品、接受劳务支付的现金		
支付给职工以及为职工支付的现金	1 377 937.71	
支付的各项税费	93 300.81	
支付其他与经营活动有关的现金	1 858 405.58	
经营活动现金流出小计	3 329 644.10	
经营活动产生的现金流量净额	113 465 883.00	
二、投资活动产生的现金流量		
收回投资收到的现金		
取得投资收益收到的现金		
处置固定资产、无形资产和其他长期资产收回的现金净额	659 000.00	
处置子公司及其他营业单位收到的现金净额		
收到其他与投资活动有关的现金		
投资活动现金流入小计	659 000.00	

续表

项　目	本期金额	上期金额
购建固定资产、无形资产和其他长期资产支付的现金	226 000.00	
投资支付的现金	5 000 000.00	
取得子公司及其他营业单位支付的现金净额		
支付其他与投资活动有关的现金	50 000.00	
投资活动现金流出小计	5 276 000.00	
投资活动产生的现金流量净额	−4 617 000.00	
三、筹资活动产生的现金流量		
吸收投资收到的现金		
取得借款收到的现金		
收到其他与筹资活动有关的现金		
筹资活动现金流入小计	00.0	
偿还债务支付的现金	9 800 000.00	
分配股利、利润或偿付利息支付的现金	55 680 000.00	
支付其他与筹资活动有关的现金		
筹资活动现金流出小计	65 480 000.00	
筹资活动产生的现金流量净额	−65 480 000.00	
四、汇率变动对现金及现金等价物的影响		
五、现金及现金等价物净增加额	43 368 883.00	
加：期初现金及现金等价物余额	772 458 972.69	
六、期末现金及现金等价物余额	815 827 855.69	

五、所有者权益变动表

▶▶▶ 　（一）所有者权益变动表编制底稿

➤ 1. 上年年末余额项目

（1）上年金额部分根据前年年末所有者权益变动表填列：

实收资本（或股本）1 000 000 000 元；

资本公积 1 039 859 908.64 元；

其他综合收益 56 610 元；

专项储备 0 元；

盈余公积 529 777.63 元；

未分配利润 5 539 849.19 元；

所有者权益合计 2 045 986 145.46 元。

（2）本年金额部分根据上年年末所有者权益变动表填列：

实收资本（或股本）1 000 000 000 元；

资本公积 1 039 859 908.64 元；

其他综合收益 679 320 元；

专项储备 0 元；

盈余公积 7 317 276.40 元；

未分配利润 37 722 319.20 元；

所有者权益合计 2 085 578 824.24 元。

➢ **2. 本年年初余额项目**

本年年初余额＝上年年末余额＋会计政策变更＋前期差错更正＋其他

会计政策变更、前期差错更正和其他上年和本年金额部分无变化，所以本年年初余额＝上年年末余额

➢ **3. 本年增减变动金额项目**

（1）综合收益总额根据当年发生额填列：

1）上年金额部分：

未分配利润 58 984 145.41 元；

其他综合收益 622 710 元。

2）本年金额部分：

未分配利润 53 621 950.37 元；

其他综合收益 566 100 元。

（2）专项储备提取和使用根据当年发生额填列：

1）上年金额部分：

提取专项储备 5 569 707.71 元；

使用专项储备 5 569 707.71 元。

2）本年金额部分：

提取专项储备 5 063 370.65 元；

使用专项储备 4 660 588.43 元。

（3）利润分配根据当年发生额填列：

1）上年金额部分：

提取盈余公积 5 898 414.54 元。

2）本年金额部分：

提取盈余公积 5 362 195.04 元。

本年年末余额项目根据前面数据计算填列。

▶▶▶ ［（二）所有者权益变动表］

所有者权益变动表如附表9所示。

附表9　所有者权益变动表

20××年度

编制单位：天津滨海石化有限公司　　　　　　　　　　　　　　　　　单位：元

项目	本年金额										
	实收资本（或股本）	其他权益工具 优先股	永续债	其他	资本公积	减：库存股	其他综合收益	专项储备	盈余公积	未分配利润	所有者权益合计
一、上年年末余额	1 000 000 000.00	0.00	0.00	0.00	1 039 859 908.64	0.00	679 320.00	0.00	7 317 276.40	37 722 319.20	2 085 578 824.24
加：会计政策变更											
前期差错更正											
其他											
二、本年初余额	1 000 000 000.00	0.00	0.00	0.00	1 039 859 908.64	0.00	679 320.00		7 317 276.40	37 722 319.20	2 085 578 824.24
三、本年增减变动金额（减少以"-"填列）	0.00	0.00	0.00	0.00	0.00	0.00	566 100.00	402 782.22	5 635 980.39	50 723 823.53	57 328 686.14
（一）综合收益总额							566 100.00			5 635 980.39	
（二）所有者投入和减少资本											
1. 所有者投入的普通股											
2. 其他权益工具持有人投入资本											
3. 股份支付计入所有者权益的金额											
4. 其他											
（三）专项储备提取和使用								402 782.22			
1. 提取专项储备								5 063 370.65			5 063 370.65
2. 使用专项储备								4 660 588.43			4 660 588.43
（四）利润分配								0.00	5 635 980.39	-5 635 980.39	0.00
1. 提取盈余公积									5 635 980.39	-5 635 980.39	
2. 对所有者（或股东）的分配											
3. 其他											
（五）所有者权益内部结转											
1. 资本公积转增资本（或股本）											
2. 盈余公积转增资本（或股本）											
3. 盈余公积弥补亏损											
4. 设定受益计划变动额结转留存收益											
5. 其他综合收益结转留存收益											
6. 其他											
四、本年年末余额	1 000 000 000.00	0.00	0.00	0.00	1 039 859 908.64	0.00	1 245 420.00	402 782.22	12 953 256.79	88 446 142.73	2 142 907 510.38

会企04表
单位：元

上年金额

实收资本（或股本）	其他权益工具			资本公积	减：库存股	其他综合收益	专项储备	盈余公积	未分配利润	所有者权益合计
	优先股	永续债	其他							
1 000 000 000.00	0.00	0.00	0.00	1 039 859 908.64	0.00	679 320.00	0.00	7 317 276.40	37 722 319.20	2 085 578 824.24
1 000 000 000.00	0.00	0.00	0.00	1 039 859 908.64	0.00	679 320.00	0.00	7 317 276.40	37 722 319.20	2 085 578 824.24
0.00	0.00	0.00	0.00	0.00	0.00					
							3 544 359.45			
							3 544 359.45			
1 000 000 000.00	0.00	0.00	0.00	1 039 859 908.64	0.00	679 320.00	0.00	7 317 276.40	37 722 319.20	2 085 578 824.24

附录二　产品购销合同

产品购销合同

甲方（买方）：天津滨海石化有限公司

乙方（卖方）：壳牌华北石油集团有限公司

根据《中华人民共和国合同法》等法律、法规的规定，甲乙双方在平等自愿、协商一致的基础上，就甲方购买乙方产品事宜达成以下条款：

第一条　乙方所提供的产品及费用清单：

序号	产品名称	规格型号	单位	数量	单价（元）	金额（元）
1	丙烯	K8303	千克	21 317.00	4 044.00	86 205 948.00
合计	小写：86 205 948.00 元			大写：捌仟陆佰贰拾万伍仟玖佰肆拾捌元整		
备注						

第二条　结算方式及期限：预付 30％，剩余货款在交货时付清。

第三条　交（提）货期：自收到甲方预付款之日起 <u>30</u> 日内到达甲方指定地点。

第四条　交货地点、费用承担及所有权转移：乙方通过物流发运到甲方指定地点，运费由乙方承担；货物所有权自甲方签收之日起转移，运输途中产品的损毁由乙方自行承担。

第五条　乙方应做好适合物流运输的产品包装，并随货附《货物清单》（加盖合同章），详细注明产品规格及数量，甲方根据货物清单内容验收货物。

第六条　甲方自收到货物起 7 日内可对产品的规格、数量等产品信息提出异议，乙方必须在 3 日内答复并提出解决方案，否则甲方有权退货并要求乙方承担所有的费用。

第七条　质量要求技术标准、供方对质量责任的条件和期限：依据 GB12706—2008 生产，质保期一年。

第八条　违约责任：在合同履行期间，乙方延期交货（除双方协商同意免除外），每延期 1 日按合同总金额的 2‰承担违约责任。

第九条　争端的解决：合同履行过程中出现的一切争端，双方应友好协商解决，协商不成的，任意一方可向有管辖权的人民法院提起诉讼解决。

第十条　合同生效及其他：

1. 本合同未尽事宜，经双方协商后作出书面补充协议，补充协议与本合同具有同等法律效力。

2. 本合同一式四份，双方各执两份，具有同等法律效力。

　　3. 本合同自双方授权代表签字、单位盖章、预付款到达乙方指定账户之日起生效。

甲方（盖章）：天津滨海石化有限公司　　　　　乙方（盖章）：壳牌华北石油集团有限公司

法定代表人（签字）：冯承　　　　　　　　　　法定代表人（签字）：韦芝

电话：022－23164485　　　　　　　　　　　　电话：022－56247893

开户银行：建设银行天津——临港工业区分行　　开户银行：工商银行北京东升路支行

账号：2269001000875430　　　　　　　　　　　账号：0302011205987536925

签订日期：20××年××月××日　　　　　　　　签订日期：20××年××月××日